사람 잘 사귀는 최상의 방법

S.M. 듀우벌 / 이정빈 옮김

지 성 문 화 사

인간 관계의 성패가 인생을 결정한다

The Art and Skill of Getting Along With People

S.M. 듀우벌／이정빈 옮김

인간을
근본적으로 바꾸려고 해서는 안 된다.
될 수 있는 대로 바꿀 필요가 없는 사람을 동료나 친구로
선택하는 것이 좋다. 인간 관계의 성공은
조종의 마술에 의존하는 것이 아니라,
무엇을 기대할 수 있는가를
아는 것이다.

누구를 신뢰할 것인가?

당신의 인간 관계는 어떤가?

진실로 당신이 신뢰하는 사람은 누구이고, 당신을 신뢰해 주는 사람은 누구인가?

당신이 절대 절명의 위기에 처했을 때 단걸음에 와서 도와줄 수 있는 사람은 과연 몇 사람이나 되는가?

이 질문에 대하여 명쾌하게 상대방의 이름—단 한 사람이라도—을 말할 수 있다면, 당신의 인간 관계는 나쁘지 않다. '좋다'고 하지 않고 단지 나쁘지 않다고 하는 것은, 상대방도 당신처럼 생각하고 있는지 어떤지를 나로서는 알 수 없기 때문이다.

"열 길 물 속은 알아도 한 길 사람 속은 모른다."

이 격언에 내포된 깊은 뜻처럼 당신이 신뢰하고 있는 상대가 천하에 다시없는 악질일는지도 모른다. 만약 그렇다면 당신은 불행의 싹을 스스로 키우고 있는 것이다.

악인(惡人)을 악인으로 바로 보지 못하는 것은 불행이다. 선인(善人)에 대해서도 마찬가지이다.

세상에는 본질적으로 질이 좋지 못한 사람들이 존재한다. 그들은 올바르게 사는 방법을 배우지 못했기 때문에 사악한 방법으로 끊임없이 사회에 해악을 끼친다.

불행한 것은 겉모습으로 쉽게 그들을 판단할 수 없다는 사실이다. 큰 악당일수록 멋진 가면을 쓰고 달콤한 말을 잘 지껄인다.

그렇기 때문에 인간 관계에서 가장 중요한 문제는 누구를 신뢰할 수 있는가를 아는 일이다. 다시 말하자면 '진짜'와 '가짜'를 구별할 수 있는 안목이 있어야 하는 것이다. 바로 이 점이 사람과 사귀는 최상의 방법의 출발점이다.

모름지기 좋은 새가 나뭇가지를 골라서 앉듯 사람을 골라서 사귀는 지혜가 있어야 한다. 가급적이면 성격이나 습관을 바꿀 필요가 없는 사람을 동료나 친구, 배우자로 삼는 것이 최상의 선택이다.

이 책은 사람을 선택하는 방법에서부터 인간 관계의 전반적인 문제를 다루고 있다. 이 공식들은 결코 추상적인 이론의 나열이 아니다. 내가 만났던 수많은 사람들의 성공한 경험과 과학적인 연구에 입각하여 얻은 것이다.

그리고 숱한 사람들이 이 방법으로 인해 '사랑', '성공', '승진' 등을 쟁취할 수 있었다.

당신도 이 책에서 제시하는 방법에 따라 인간 관계를 맺는다면 인생의 빛나는 미래를 맞이할 수 있을 것이다.

S.M. Dubel

차례

차례

차례

차례

차례

제1부

인간 관계의
가장 중요한 문제

가장 대담한 행동이란 무엇일까?
자기 자신도 이해하지 못하면서
타인에 대하여 아는척 하는
그것이다.

제1장

인간은 사고나 행동을 파는 세일즈맨

인간은 사회적 존재이다. 그 누구 한 사람 예외없이 사람과의 연계 속에 살아가고 있다. 다른 사람의 노고 덕분에 내가 살아왔고 또 살아가게 된다. 따라서 나도 다른 사람들을 위하여 뭔가를 돌려줘야만 한다. 이것이 인간의 기본적인 자세다.

삶은 대인 관계의 연결이다. 우리가 다른 사람을 이롭게 해주려는 행위에 모든 가치와 진리가 담겨 있는 것도 바로 이 때문이다. 비와 흙이 만남으로써 식물이 생성하는 것처럼, 사람과 사람이 만남으로써 사회는 유지되고 발전한다.

예로부터 수많은 사람들에 의해 끊임없이 사람과 사귀는 방법이 연구되어 왔다. 그것을 종합한 최상의 방법은 자기를 어떻게 '파는가'를 아는 것이다.

우리의 생애에 만나야 하는 상대방은 각양 각색이다. 부모님과 스승, 직장의 상사 등과 같은 손위일 경우가 있고, 또한 동생이나 후배, 자녀와의 만남도 있다. 이렇듯 만남이 다양한 것처럼 때에 따라, 경우에 따라 사귀는 방법과 자기를 파는 방법도 달라지기 마련이다.

때에 따라서는 어떻게 사람을 움직일 것인가를 알아야 하고, 사람이 하고 있는 일은 어떻게 중지시키고, 다른 일을 시킬 수 있는지를 알 필요가 있다. 다시 말하면, 우리들은 사람을 움직이고, 사람에게 우리들을 인식시킬 필요가 있는 것이다. 이런 의미에서 인간은 모두가 세일즈맨이라 할 수 있다. 생활용품이나 자동차를 팔지 않으나, 사고나 행동을 파는 세일즈맨인 것이다.

나를 판다고 하는 것의 의미

사람마다 생각하는 바가 있다. 상대방이 내 뜻에 따라 움직여 주기를 바란다. 이때의 커뮤니케이션이 '나를 파는 전법'이다. 세상에는 분명히 설득력이 뛰어나 나를 잘 파는 사람이 있다. 그런가 하면 나를 파는 방법이 서툴러 소외당하는 사람도 많다.

설득이나 자기 주장은 상대방을 움직인다고 하는 면에서 둘다 비슷한 성질을 가지고 있다. 직업을 얻는다는 것은 자기 자신을 '파는 것'이다. 친구를 사귀는 것도 마찬가지이다.

갓난아이들은 본능적인 행동으로 부모에게 자기를 판다. 울음으로 배고픔을 알리기도 하고 몸이 불편함을 호소한다. 이것은 갓난아이의 자기 주장이다. 만약 갓난아이가 배가 고픈데도 울지 않는다면 어머니는 젖을 주지 않을 것이다.

일찍이 울음으로써 자기 주장에 눈뜬 어린아이들은 조금씩 자라면서 모든 것을 자기 주장대로 하려고 한다. 그것이 통하지 않을 때는 떼를 쓰거나 운다. 그렇게 하므로써 자신의 뜻을 관철시킬 수 있다는 것을 이미 경험했기 때문이다.

목사는 자기 교회의 신도가 되어 달라고 사람들을 설득한다. 정치가는 자기에게 표를 달라고 목청을 높인다. 어떤 사람들은 불우이웃을 돕자고 호소하며 성금함을 들고 돌아다닌다. 어머니는 늘 아이들에게 손발을 깨끗이 씻어라, 열심히 공부해라, 예절 바른 행동을 하라고 타이른다.

연애중의 남녀는 상대방에게 온갖 애정을 쏟는다. 꽃이나 옷을 선물한다. 음악회나 영화관으로 안내한다. 자기가 손수 요리한 만찬에 초대한다. 남자에게, 혹은 여자에게 나와 결혼하면 얼마든지 행복할 수 있다는 것을 암시한다.

이것들은 확실히 '파는 전법'이다.

판다는 것은 그것을 본업으로 하고 있는 세일즈맨만이 행하는 것이 아니다. 모든 인간, 즉 갓난아이에서부터 노인에 이르기까지 모든 사람이 일상 생활에서 밥 먹듯이 자기 자신을 팔고 있다.

그런데도 대부분의 사람들은 이러한 사실을 느끼지 못하고 있다. 대인 관계의 근본이 '나를 판다'라는 것을 모르고 상대방을 다루는 법만을 알려고 한다. 설령 그것을 알고 있다 할지라도 자기를 위해 하고 있는 것이 아니라, 상대방을 위한 것이라는 생각을 하는 사람도 있다.

이 책 가운데서(제6장) 나는 이 조종(操縱)의 미묘한 점에 대해 설명하려 한다. 여기에서는 내가 바라는 것을 상대방에게 시키는 기술―다시 말하면 사람을 움직이고, 사람을 다루고,

사람을 조종하는 기술—의 실례를 소개하려고 한다.

그 전에 여기서 한 마디 강조해 둘 말이 있다. 조종의 기술은 인간 관계에서 아주 작은 부분을 차지하고 있을 뿐이라는 사실이다. 사람과 사귀는 데는 사람을 조종하는 기술보다도 더욱 고도의 그 무엇을 필요로 한다. 이것이 바로 이 책이 문제삼고 있는 점이다.

이 문제에 대해서만 쓴다고 해도, 아마 여러 권의 책이 될 것이다. 그것을 요약하면 다른 사람한테서 무엇을 기대할 수 있는가를 아는 것이라고 말할 수 있다. 더욱이 이 원리를 일상 생활에 응용한다면 행복과 성공은 틀림없다.

다른 사람한테서 무엇을 기대할 수 있는가

인간 관계의 중요한 문제는 조종이 아니라, 더욱 간단한 것이다. 즉 '다른 사람한테서 무엇을 기대할 수 있는가를 아는 것'이다.

요리를 할 때 가스곤로나 가스솥을 설거지대 위에 놓지 않는다. 거기는 접시를 씻는 곳이기 때문이다. 또한 차를 운전할 때는 우유를 차의 연료로 쓰지 않는다. 아이들이 목말라 할 때 가솔린을 마시게 하지는 않는다. 어디까지나 가솔린은 차에 넣고, 우유는 아이들에게 준다.

다시 말하면, 물질적으로 바꿀 수 없는 일은 당연한 것으로서 받아들이고, 다른 것으로 대체하려고는 하지 않는다.

사람들에 대해서도 똑같은 이치인 것이다.

물론 나는 사람들을 바꿀 수 없다고 하는 것은 아니다. 이 책을 읽어나가면, 이것도 실증될 것이다. 내가 말하고 있는 것은, 한번 만들어진 규칙은 이 세상에서 아무리 해도 이를 바꾼다는 게 곤란한 것이며, 어떤 경우에 있어서는 도대체 바꾸려는 노력을 할 가치가 있는지 어떤지를 생각해 볼 필요가 있다는 것이다. 사람들과 잘 사귀는 것은 사람들을 바꾸거나 자기를 바꾸는 것이 아니다. 나에게 다른 사람들이 무엇을 기대하고 무엇을 기대하지 않는가를 아는 것이다.

이것을 좀더 분석해 보자. 어째서 '무엇을 기대할 수 있는가'를 아는 것이 조종보다도 중요한 것일까? 어째서 이 간단한 말이 행복에 연결되는 것일까? 또한 어째서 그것이 더욱 성공에 대한 보증을 주는 것일까?

아마도 우리들이 현혹되는 것은 사람들을 움직이는 법칙이 매우 용이하게 이해되고, 기억될 수 있다고 하는 것이리라. 그 법칙은 매우 이치에 맞아서 효력을 발생하는 것이 당연한 것처럼 생각된다. 그런데 어째서 반드시 그렇게 되지 않는 것일까?

인간은 집요한 비평가이다. 사람들을 움직인다는 것은 아스피린을 먹듯 아무것도 아닌 경우도 있으나, 때에 따라서는 뇌수술을 하는 것만큼 어려운 경우도 있다. 그렇기 때문에 사람들을 잘 '다루기' 위해서는 대예술가나 대과학자의 수완만큼이나 특출한 능력이 필요한 것이다.

인간의 마음을 쉽게 헤아릴 수 없다. 무심코 내뱉은 한 마디, 사소한 행동 한 가지에 감정이 상하거나 기뻐한다. 마음이 넓을 때는 두둥실 배를 띄울 만큼 넓다가도 좁을 때는 바늘 하나 꽂을 수 없을 만큼 좁다.

흔한 실례를 들어보자. 아이들은 용돈을 탈 때 부모님의 눈치를 살핀다. 부모님의 기분이 좋을 때는 쉽게 용돈을 타낼 수 있지만 기분이 상했을 때는 야단을 맞거나 추궁을 당한다. 일이 잘못되었을 때도 그렇다. 같은 잘못을 놓고도 어떤 경우에는 호된 질책을 받지만 어떤 경우에는 오히려 위로받기도 한다. 이러한 경우를 실례로 들자면 얼마든지 들 수 있을 것이다.

어째서 이런 이율배반적인 문제들이 생겨나는 것일까? 그것은 인간의 마음이 불변하는 것이 아니라는 점에서 찾을 수 있다. 우리의 마음은 하루에도 몇 번씩 변한다. 기쁠 때가 있고 슬플 때가 있다. 침착할 때가 있고 안절부절 못할 때가 있다. 이성적일 때가 있고 감정적인 때가 있다.

그렇기 때문에 세일즈의 명수들은 상대방의 심리 상태를 살피는 데 남다른 안목을 가지고 있다. 상대방의 마음이 편치 않을 때는 결코 자기 주장이나 설득을 하지 않는다. 상대방이 바쁠 때는 말없이 자리를 피해 준다. 이 말은 상대방의 심리 상태나 사정에 대한 배려를 해준다는 말이다.

무릇 모든 일에는 때가 있다. 농사에도 때가 있고 공부에도 때가 있고 구혼에도 때가 있다. 심지어는 질병에도 때가 있다. 야구 선수가 홈런을 친 것은 상대 투수의 구질을 파악하고 노려쳤기 때문이다.

상대방의 사정을 고려하지 않고 '자기를 파는 일'에만 급급하는 것은 미숙한 세일즈맨이다. 이런 사람들은 자기 주장만을 내세우며 상대가 자신의 로보트가 되어주기를 원한다. 그것을 다른 말로 표현하면 '조종'이다. 조종의 결과는 반드시 우리들이 바라는 대로 된다고는 단언할 수 없다. 사람들은 때에 따라서는 자기가 '다루어지고 있다'는 것을 느끼게 되면 화를 낸다. 사람들은 '다루어지는 것'을 좋아하지 않기 때문이다.

과학적 지식을 중시해라

"나는 나의 일을 사랑하고 있다."

어떤 사람이 내게 이렇게 말한 후에 다음 말을 덧붙였다.

"내겐 그것이 필요한 것이다. 그런데 나는 상사와 싸움을 하고 목이 잘렸다. 나는 왜 이런 짓을 했을까?"

어느 여성이 내게 편지를 주었다.

"저는 언제나 훌륭한 남자와 데이트 하는 것을 공상하고, 그것을 자랑합니다. 그 누구도 속이려는 생각은 없습니다. 그런 말에 친구들이 웃고 있습니다. 그래도 끊임없이 이와 같은 바보스런 조작한 이야기를 생각해 내는 것입니다. 저는 어째서 이런 짓을 하는 걸까요?"

어째서 사람들은 이처럼 이유를 알 수 없는 짓을 하는 걸까? 최근 내 주의를 끌었던 실례를 좀더 인용해 보겠다.

"나는 계리사(計理士)를 직업으로 하고 있는 사람입니다. 나는 세탁기를 사는 것보다 세탁소에 갖다 주는 게 득이란 것을 숫자로 아내에게 설명했습니다. 아내는 내 말에 찬성해 주었습니다. 그랬건만 그녀는 결국 세탁기를 사왔습니다."

어느 학교장은 더욱 심각한 문제에 대해서 물었다.

"학교내에서 일어난 도난 사건과 관련해서 두세 명의 소년을 붙잡았습니다. 이상한 것은 그들이 모두 양가집 아이들로 보통 학생들보다 많은 용돈을 받고 있다는 것입니다. 나는 뭐가 뭔지 잘 모르겠습니다."

다시 세 개의 실례를 들어보자.

"죠는 불량청년이 되고 그의 동생은 목사가 되었습니다. 같은 형제가 어째서 이렇게 다른 인간으로 되는 것일까요?"

"나는 동생을 대학에 보내고, 수년 동안에 걸쳐서 그의 부양가족까지 보살펴주었습니다. 그 덕택으로 그는 고소득 월급쟁이가 되었습니다. 그런데도 한푼도 갚아주지 않을 뿐만 아니라, 내가 경제적으로 곤경에 빠졌을 때도 도와주지 않았습니다. 그런데 그다지 친하지도 않던 사람이 나를 도와주었습니다. 이런 현실을 어떻게 설명할까요?"

"나는 어느 교도소의 간수를 하고 있습니다. 그 교도소에는 내게 무척 친절하게 해준 사람이 살인죄로 무기징역을 복역하고 있습니다. 어째서일까요?"

이상 이야기한 예에 대한 공통점을 짐작했을 것이다. 이 사람들의 행위는 논리에 맞지 않는다. 그것은 의심할 여지도 없이 불합리하다. 이 책을 읽어감에 따라서 그들이 이처럼 행동하지 않을 수 없었다고 하는 것이 명확해질 것이다. 그들은 그처럼 행동하지 않으면 안 되었다.

여기에서 좀더 '기이한', '불합리'란 행동의 예를 들어보자. 이 비슷한 일을 일상 생활에서 경험하고 있을 것이다.

어느 사무실에서 일하고 있는 여자는 내게 이렇게 말했다.

"우리 사장님은 언제나 민주주의에 대해서 설교합니다. 사람들 앞에서는 그는 아주 좋은 사람입니다. 그러나 내가 알고 있는 사람 가운데 가장 전제주의적인 인간입니다. 종업원에게는 아주 싫은 사람입니다. 똑같은 사람인데도 어째서 이렇게 다를까요?"

"그는 매우 평판이 좋은 사람이었습니다. 나는 모든 점에서 그를 정직하고, 능력 있는 사람으로 믿고 있었습니다. 그런데 실제로는 정직하지도 못하고 능력 있는 사람도 아니었습니다. 나는 누구도 믿을 수 없게 되는 것 같습니다."

"내가 종업원들에게 많은 임금을 지불하면 지불할수록 그들은 일을 하지 않게 됩니다."

"나는 지금 고액의 수입이 있습니다. 그래도 가난했던 시절이 훨씬 행복하고 의좋게 지낼 수 있었습니다. 이 이유를 나는 모르겠습니다."

"리건 씨는 그보다 월등히 학벌이 좋은 직원들의 상사가 되었습니다. 어째서일까요?"

"몇 년 동안을 나는 다른 사람들에게 고난과 낙담을 극복하는 방법을 설명해 왔습니다. 그러나 실제로 그것이 내 위로 덮쳐왔을 때, 나는 지고 말았습니다. 도대체 어떻게 된 걸까요?"

현대는 과학의 시대이다. 100년 전이라면 사망했을 많은 사람들도 오늘날에는 구할 수도 있다. 그러나 우리들은 병자를 사망케 한 의사를 꾸짖거나 하지는 않는다. 의사들은 최선을 다한 것이다. 다만 과학적 지식의 결여 때문에 현재는 살릴 수 있는 환자를 지난 과거에는 살리지 못했던 것이다.

인간 관계에 있어서도 같은 것을 말할 수 있을는지도 모르겠다. 가령 사람들과 잘 사귀어지지 않는다 해도 다른 사람을 꾸짖어서는 안 된다. 그리고 동시에 자기 자신을 꾸짖어서도 안 된다. 이것은 올바른 과학적 지식 없이 문제를 해결하려고 하기 때문인지도 모르기 때문이다.

오랜 세월에 걸쳐서 많은 성실한 과학자들은 인간성에 대해서 연구를 해왔다. 그래서 중요한 많은 것을 발견했다. 나는

매년 내가 신문지상에 다루고 있는 '당신의 마음을 찾습니다'
라고 하는 난에서 많은 문제들과 만난다. 독자들은 각양 각색
의 문제들을 상담해 온다. 내가 보기에는 고민할 문제가 아닌
것이 대부분이다. 그런데 당사자들은 나와 생각이 다르다. 나
는 독자들의 상담에 항상 과학적 지식을 바탕으로 충고한다.
어떤 경우라도 도움이 되는 과학적 지식 체계가 있다는 것을
역설한다.

　물질이건, 마음이건, 그것을 필요로 하는 사람에게 주지 않
으면 영양으로는 되지 않는다. 기술 잡지의 보고서 속에 정리
되어 담겨져 있는 지식은 자기가 이용하지 않으면 전연 도움이
되지 않는다. 밀이 영양분으로서 구실을 하려면 가루가 되고,
빵으로 구어지지 않으면 안 되는 것처럼, 이 기술 지식은 정제
(精製)되지 않으면 안 된다. 이 책은 위에서 얘기한 기술 지식
의 얼마를 끄집어내어 도움이 되게끔 정제하고 있는 것이다.

　이와같이 이 책은 과학적인 지식이 '생육' 되는 '농장'도 아
닐 뿐만 아니라, 그것이 최초로 가공되는 '제분소'도 아니다.
오히려 맛있게 먹을 수 있는 빵으로 만드는 '제빵소'인 것
이다.

FOCUS

　자기를 '판다'는 것은 모든 인간 관계에 있어서 소중한 것
이다. 가장 중요한 것은 다른 사람을 변하게 하는 것이 아니
라, 다른 사람에게서 '무엇을 기대할 수 있는가를 아는 것'
이다. 무엇을 기대할 수 있는가를 아는 것을 배우기 위해서는
많은 과학적 지식이 필요하다.

제2장

자기를 파는 다섯 가지 방법

앞 장에서 사람이란 논리적으로 행동하지 않는다는 실례를 들었다. 그리고 그것을 이해하기만 하면 사람들과 더욱 잘 사귈 수가 있고, 자기 이익을 지키고, 자기 행복을 증진시키는 데 더욱 유리한 입장에 서리라고 말했다.

우리들은 모두 세일즈맨이다. 살아 있는 한 다른 사람의 마음이나 태도를 변경시키고, 사물을 자기 방식으로 보려고 한다.

그렇다면 여기에서 인간 관계의 문제를 자기를 남에게 '판다'고 하는 관점에서 더욱 세밀하게 관찰해 보자. 상품을 파는 데 있어서도 파는 것을 효과적으로 하기 위해 알아두지 않으면 안 될 점이 다섯 가지 있다. 이 다섯 가지 사항 가운데 어느 것을 그저 보고 지나쳤거나, 경시했던가를 살펴보는 것도 좋으리라고 생각한다.

첫째 ― '무엇을 팔까'를 우선 생각해라

상품을 파는 것을 생각하면 알기 쉬울 것이다. 당신이 소매상을 경영하고 있다고 하자. 손님이 원치 않는 것을 팔려고 열중하지는 않으리라. 시장 조사를 하고, 매력있는 상품을 발견하여 그것을 상점에 진열한다.

같은 법칙이 인간 관계에 있어서 자기를 파는 경우에도 통용된다. 자기가 가지고 있는 것 중에서 다른 사람이 사고 싶으리라고 생각되는 것을 추려낼 필요가 있다.

나에게는 프랭크라는 이름의 친구가 있다. 그는 얼마 전 전기기구를 만들고 있는 어느 대회사의 관리직 일을 지원했다. 그는 먼젓번 회사에서 일을 잘하고 있었으나 대회사의 많은 급료와 장래성에 끌렸던 것이다.

과거의 실적과 사람 됨됨이 때문에 프랭크는 인사부의 마중을 받으며 면접을 위해 부장실로 안내되었다. 이미 입사한 거나 마찬가지였다. '그는…… 초봉은 먼저 회사의 약 두 배가 되겠고……'라고 생각했다. 그러나 면접은 프랭크가 예기치 않았던 방향으로 나아갔다.

부장은 웃는 낯으로 그를 마중하고 책상 위에 놓인 이력서에 눈길을 돌렸다.

"당신이 이 일에 대해 충분한 자격을 가지고 있는 것은 명백합니다. 연령, 경험, 지도력으로 말하더라도 모두가 우리들이 찾고 있던 그대로입니다."

부장은 이야기를 계속했다.

"그러나 나는 한 가지만 질문하고 싶습니다. 당신의 인생에 있어서 무엇이 가장 소중합니까?"

"이 직책이 가장 소중합니다."

"그렇습니까? 그러나 좀더 달리 생각해 보십시오."

"내 가정 생활이 소중합니다. 나에게는 아내와 아이들 셋이 있습니다. 그리고 친구들도 소중합니다."

부장은 고개를 끄덕이더니 다시 대답을 재촉했다.

"자유로운 시간…… 일 이외에 갖는 시간…… 일을 떠날 수 있는 시간이 전연 없다고 한다면?"

"좀더 구체적으로 그 일을 설명해 주시지 않겠습니까?" 하고 프랭크는 물었다.

"당신은 하루 24시간 자나 깨나 일을 하고 있는 사람에 대해서 들은 일이 있겠죠. 이 일은 바로 그런 일입니다."

"나는 야심을 가지고 있습니다." 하고 프랭크는 반론했다.

"이 일을 하고 싶습니다. 해낼 수 있다고 생각합니다. 나는 그것을 하기 위해서는 어떤 일이라도 하겠습니다."

"그렇게 하겠죠. 그러나 당신은 그것으로 행복하다고 생각하십니까? 사실 행복하다고 생각하고 있는 사람도 있습니다. 굉장히 경쟁이 심한 업계에서 매우 바쁜 일을 합니다. 그것은 보람 있는 일이니까요. 가정 생활을 돌보지 않고, 자기 시간까지 다 바쳐 버리는 사람도 있습니다. 바로 지금 그런 사람을 알고 있습니다. 바로 나입니다. 당신은 어떻습니까? 나와 같은 인간이 되겠습니까? 되고 싶다고 생각하십니까? 긍정하시는군요. 좋습니다."

그 순간 프랭크는 깨달은 바가 있어 그 일을 거절했다.

"유감스럽습니다."

부장은 그와 악수를 나누며 말했다.

"당신이 와주셨으면 했습니다. 좋은 수입을 얻을 수가 있었구요. 그러나 지금의 형편이 가정 생활도 즐길 수 있고, 자유시간도 있어 더욱 행복하리라고 생각합니다."

뒷날 이 얘기를 나에게 할 때, 프랭크는 말했다.

"나는 나 자신을 그 회사에 파는 데 성공했지. 문제는 내가 정말로 나 자신을 그 회사에 팔고 싶어했는지 어떤지를 충분히 검토하지 않았던 점인 거야. 부장이란 사람은 그가 사고 싶지 않은 것을 내가 팔려고 하는 것을 간파하고 있었어. 내 성격으론 그 회사는 무리였어. 회사 역시 손해이겠지. 나는 지금까지 있던 회사 쪽이 좋다고 생각했어. 숨돌릴 틈도 없이 일에 쫓긴다는 형편도 아니고, 내가 하고 싶은 일도 할 수 있었으니까."

프랭크는 회사의 부장의 주의를 끄는 데 성공했다. 그러므로 부장은 그를 채용할 작정이었다. 그러나 프랭크는 곰곰이 생각해 보니 자기는 채용될 준비가 되어 있지 않았음을 깨달았다. 그는 자기가 팔려고 하는 것을 잘 생각하고 있지 않았었다. 즉 그는 충분히 자기를 이해하고 있지 않았던 것이다.

두 청년이 같은 대학을 마쳤다. A는 머리가 뛰어난 청년이었다. 클래스 안에서 가장 성공하리라고 누구나가 생각했다. 또 한 사람인 B는 아무리 호의적으로 보아도 그저 평범한 청년이었다.

20년 뒤, 두 사람은 만났다. 보통 인간이라고 생각되었던 B가 머리가 좋은 A보다도 훨씬 성공해 있었다.

어째서 이와같이 되었을까?

B는 자기가 가지고 있는 것을 올바르게 평가해 주는 곳에 팔려갔기 때문이다. 가장 뛰어난 것을 팔았다. 그는 깔끔하고 여러 가지 면에서 무엇이든지 완주한다고 하는 참을성과 능력을 가지고 있었다. 이런 것들은 어느 인쇄회사의 제조부장이라고 하는 직책에 알맞았다.

한편, 머리가 뛰어난 A는 다른 회사에서 B와 같은 일에 취업했지만 적성이 맞지 않았다. A는 성격적으로 자질구레한 일을 싫어했다. 그래서 열의를 가지고 그 일에 적응하려 하지 않았다. A는 아이디어를 가진 사람을 필요로 하는 회사에 자기를 팔았어야 했다. 자기의 뛰어난 두뇌를 충분히 활용하는 일에 취업해 있는 편이 성공했을 것이다.

이야기를 원점으로 돌려 회사에 있어서의 '파는 법'을 반성해 보자. 아마도 파는 기술이란 점에선 충분히 생각하여 그 방면에선 숙련자임에 틀림없다. 그러나 자기 최상의 것을 팔고 있는 걸까? 우선 제1단계로서 정직하게 자기 취미와 능력을 평가해 보는 일이다. 그리고 어떤 일을 하는 것이 가장 적당한가를 찾아내는 일이다. 어쩌면 지금 싫다고 생각하는 일에 적응해 있는지도 모른다.

어쩌면 당신은 권총을 가지고 논다거나, 수선하는 것을 좋아하는 게 아닌가? 만일 그렇다면, 현재의 직업을 그만두고 총포점을 여는 것도 좋다. 현재의 상태에선 자기가 가지고 있는 재능을 충분히 팔고 있지 않는 게 된다. 사실 많은 사람들이 자기의 취미를 직업으로 하고 있다. 그렇기 때문에 행복과 수입 양쪽을 얻고 있다.

따라서 '비결'이란,

당신이 가지고 있는 것을 그것을 필요로 하는 곳에 가지고 갈 일이다.

둘째 — 인간 관계의 시장에 주목하라

상품은 시장에서 매매된다. 인간 관계도 같은 이치다.

빌 스론이란 청년이 있었다. 그는 실업계에 들어오자마자 크게 성공을 거두었는데, 어느 날 엘렌이라는 아가씨를 보고 첫눈에 반했다. 그녀는 매우 아름다운 용모의 소유자였다. 집안도 훌륭했다.

"엘렌은 내 것이다."

이렇게 생각한 빌은 엘렌에게 접근했다. 그런데 그녀를 좋아하고 있는 다른 청년이 있었다.

"일생에서 가장 중요한 거래다. 자기를 팔 수 없다면 세일즈맨으로는 실격이다."

빌은 고객을 붙잡는 것과 똑같은 기교와 집요로써 엘렌을 뒤쫓았다. 그녀가 클래식 음악에 흥미를 가지고 있는 것을 알고선 작곡가나, 그 작품에 대해서 공부하고, 레코드를 사고, 음악회에 가기도 했다. 엘렌의 어머니한테 비위를 맞추었다. 엘렌이 존경하고 있는 조부와 체스를 하여 언제나 지려고 노력했다.

그는 엘렌에게 그녀가 세계에서 가장 잘난 인물이란 걸 느끼게 했다. 그녀가 피아노를 쳐도, 케이크를 만들어도, 그 무엇을 하건 그녀를 그저 칭찬했다.

빌은 그것들을 성공시킬 기능을 가지고 있었으므로 경쟁에서 이겼다. 6개월도 채 못 되어 몹시 부러워하는 경쟁 상대자의 면전에서 그는 신부와 함께 결혼식을 올렸다.

그러나 빌은 이윽고 아내는 고객과는 다르다는 걸 발견했다. 아내는 뭐든지 보는 건 다 사고 싶어했다. 그리고 그녀는 실제로 그렇게 했다. 결혼할 때까지는 빌은 그녀에게 빠져 있었다. 결혼 후엔 그녀의 사치를 위해 매일 장시간 일해야만 했다. 거기다가 매일 밤 그녀의 사교장에 끌려나갔다.

마침내 빌은 파산하고, 그녀는 거침없이 나가 버렸다.

이 경우, 빌이 상대방을 잘 통찰했더라면, 이와 같은 일은 피할 수 있었을 것이다. 엘렌은 유치한 인간 그대로 행동한 데 불과하다.

빌이 그가 '산' 것에 좀더 주의를 하였더라면, 그녀의 사람됨을 꿰뚫어 볼 수가 있었음에 틀림없다. 데이트할 때에도 그녀는 사랑스럽게 앵돌아지기만 했었다. 그녀는 자기 이외의 사람은 누구에게도 흥미를 가지고 있지 않았었다. 가련한 빌은 그것을 알아채지 못했었다. 그는 오로지 '파는 데'만 전념했다. 그래서 스스로를 무너뜨려 버린 것이다.

빌의 경험은 인간 관계의 모든 면에 적용될 수 있다. 상대방을 잘 이해하면, 상대방에게 무엇을 기대할 수 있는가를 알게 된다. 어느 사람에게 압력을 넣어 어떤 일을 시켰다고 하더라도 빌과 같이 후회하지 않으면 안 된다. 상대방을 시간을 들여 잘 관찰한다면, 팔아야 하는지 어떤지를 바로 알 수 있다. 파는 데 쏟는 노력에 값어치가 있으면, 이미 상대방을 잘 이해하고 있는 것이어서 잘 팔 수가 있다.

시장을 생각할 필요에 대해서 또 하나의 예를 살펴보자.

나는 어느 소기업의 경영자로 2·3년내에 은퇴하려고 생각하는 사람을 알고 있다. 그는 자기 뒤를 이를 청년을 물색했다.

드디어 두 사람의 후보자를 발견했다. 한 사람은 흠잡을 데 없이 뛰어났다. 그의 이력도 외관도 좋고, 독창력이 풍부했다. 또 한 사람은 왠지 믿음직하지 못했다.

이 상점의 경영자는 뛰어난 쪽의 사람에게 뒤를 이어주려고 있는 힘을 다하여 '파는 운동'을 시작했다. 그래서 파는 데 성공했다. 그 결과 어떤 일이 일어났는가.

그가 택한 쪽의 청년은 매우 성장하여 그가 안심하고 은퇴하려고 생각할 즈음이 되자, 큰 회사에 뽑혀가 버렸다. 경영자는 은퇴도 하지 못한 채 누군가 다른 사람을 찾지 않으면 안 되었다. 그는 몹시 쓸쓸한 듯 말했다.

"나는 너무나 지나치게 좋은 세일즈맨이었던가 보죠."

좋은 세일즈맨인 것이 나쁘다는 것은 아니다. 그러나 파는 데는 예측할 수 있는 능력을 가져야 한다. 앞에서 이야기한 바처럼 '무엇을 기대할 수 있는가를 아는 것'은 파는 데 크게 도움이 되는 것이다.

셋째 —지불할 능력이 없는 자에겐 팔지 말아라

다시 상품의 매매를 생각해 보면 이 점은 곧 이해할 수 있다. 수금 사원의 커다란 두통거리의 하나는 세일즈맨이 지불할 능력이 없는 손님과 계약을 맺어오는 것이다. 이와 같은 고객 중에 몇 사람은 드디어는 파산하여 채권자에게 큰 손해를 주고 만다. 어떻게 하여 팔 것인가 하는 생각으로 괴로워하기보다는 어떠한 손님에게 팔아서는 안 되는가를 아는 편이 중요하다.

인간 관계의 '파는 것'에 대해서도 결국 같은 이치를 말할 수 있다.

인디애나 마을에서 어느 사람을 모금운동 집행위원장으로 맞이하려고 생각했다. 그러나 당사자는 이 청을 사절했다. 위원회는 집요하게 그를 설득했다. 이 사람은 사업에 있어서도, 사회 생활에 있어서도, 무엇이나 사건을 끝까지 완수했던 사람이었다. 그들은 만일 이 사람이 다른 사업에 쏟고 있는 것과 같은 정력과 상상력으로 응원해 주기만 한다면, 모금운동은 기록적인 성과를 거둘 수 있으리라고 생각했다.

위원회는 계속 설득했다. 그래서 드디어 이 후보자는 위원장의 자리를 맡게 되었다. 그러나 그는 마음에도 없는 일에 정력을 쏟을 턱이 없어 맡은 바 직분을 다하지 못했었다. 어떻게 하면 이와 같은 결과를 예측할 수 있었을까?

사실은 언제나 그들의 눈앞에 있었던 것이다. 그는 두세 가지 질문을 하는 것으로 족했던 것이다. 어째서 당신은 그 일을 맡는 걸 망설이는가? 그의 망설임은 마음이 다른 방향을 향하고 있었기 때문이다. 그의 사업이 한창 성장하는 과정에 있었으며, 딸의 결혼 문제도 있었다. 게다가 그는 이미 어느 대학의 모금운동에 관계하고 있었다. 이와 같은 사정들을 바르게 고려하고 있었다면, 위원회는 그에게 위원장 직분을 떠맡기는 일이 없이 다른 사람을 위원장으로 하여 대성공을 거둘 수 있었을 것이다.

언젠가, 나는 마침 새로운 여자아이를 채용하려고 하는 사무실에 들린 적이 있었다. 소장은 장래성이 없음직한 여자아이를 택했다. 뒷날 나는 이 일에 대해서 그에게 물었다.

"저 단발머리 아이 쪽이 교양도 있어 보이고, 미인이며, 머리도 좋을 듯 생각되는데……."

그의 대답은 이랬다.

"그러나 그녀는 1주일도 계속하지 못했을 것이다. 그녀는 몹시 심심해져서 곧 그만두리라고 생각되거든요. 그녀의 직책은 사무실에선 매우 중요합니다만, 교양도 지성도 용모도 필요치 않는 일입니다. 깔끔하고 주의력이 있고, 통계나 다룰 수 있으면 되니까요."

나는 그 말이 이해가 되지 않아 다시 물었다.

"둘 다 옷맵시는 단정하고, 행동도 점잖고, 경박한 점도 없었습니다. 두 사람 다 좋은 사람이 아닙니까?"

그는 웃으며 말했다.

"이야기를 나누는 동안 나는 단발머리 아이가 결혼 전의 일시적인 직업을 얻겠다는 마음으로 일자리를 구하고 있다는 걸 알아차렸습니다."

이것은 앞에 말한 모금위원회의 실패를 범하지 않았던 예이다. 자기 앞에 있는 사실을 비교하여 그는 꼭 필요한 사람을 택했던 것이다.

나는 "돼지 털을 깎는 자는 무섭도록 큰 울음소리를 들으나, 털은 조금밖에 얻지 못한다." 하고 말하던 농부를 알고 있다. 이것은 하고 싶다고 생각하는 것과 하고 싶지 않다고 생각하는 것에 명확한 선이 있다는 의미를 그로서는 알기 쉽게 표현한 것일 게다. 물론 사람이 할 수 있는 것과 할 수 없는 것엔 제한이 있다. 만일 사람들과의 교제에 있어서 이 제한들을 무시한다면 위험하다. 사람들에게 능력 이상의 것을 시키는 건 불가능하며, 사람이 하고 싶지 않다고 생각하는 것을 시키는 것은 보다 더욱 불가능한 것이다.

과학자는 연구실 안에서 어떻게 실험을 하는 것일까?

① 실험 대상에 관해서 가능한 한 많은 사실을 모은다.
② 이 사실들을 분류한다.
③ 이 사실들이 의미하는 것을 조사한다. 그리고 판단을 내려 일에 착수한다.

이상 3단계로 행해진다. 이것이 소위 과학적 방법인 것이다. 이 방법은 인간 관계에도 응용할 수 있다.

① 사실을 모은다. 누구를 이용할 수 있는가? 그 사람의 흥미는 뭔가? 그 사람의 능력은?
② 이 사실들을 분류하여 제각기의 중요함을 잰다.
③ 그 자료들을 바탕으로 하여 판단을 내린다.

그 뒤는 '파는 것'의 일이 된다. 그 일은 아마 성공할 것이다. 이렇게 말하는 것은 올바른 사람에게 팔고 있다고 하는 더욱 깊은 확신을 갖기 때문이다. 돼지 털을 깎는 것에 대해 이야기한 농부는 더불어 이러한 말도 하고 있었다.

"아무리 우유를 필요로 한다 해도 수소한테서는 무리다."

시간을 두고 사실을 모아, 그 사실들을 평가해 볼 일이다. 대개의 경우 사람들과 교제하는 데 성공하는 비결은 조종이 아니고, 그들의 능력과 의사를 올바르게 평가하는 일이다. 인간 관계의 '파는 것'에 있어서도 상대방이 출하(出荷)할 수 있는가, 할 생각이 있는가를 확인하기만 하면 틀림없이 '파는 것'에 성공한다.

만약에 사람이 이 세상에서 사람과 사람을 결속하고 있는 친절의 정을 끊어 버리면 어떤 집이나 어떤 도시도 존속할 수 없다. —키케로—

넷째 — 남의 성격적 결함을 고칠 수는 없다

팔고 있는 것이 상품일 경우에는 비교적 간단하다. 이처럼 말하는 것은 이미 가지고 있는 것에 무언가를 더하게끔 설득하면 좋을 뿐이기 때문이다. 가령 모자나 자동차를 사려고 하는 경우에는 선입관, 성격 차이, 또는 확신 따위를 바꿀 필요가 없다.

그러나 인간 관계에 있어서 자기를 사람들에게 '팔' 경우에는 '사는 사람'이 움직여주지 않으면 안 된다.

이 문제를 좀더 깊이 파고들어가 보자. 어떤 사람이 아침에 우편함이 볼품없이 되기 시작한 것을 처음 보았다. 그는 우편함이 아주 새롭게 보이도록 다시 칠했다. 그러나 우편함은 새로워지지 않았다. 우편함은 매우 삭아서 마침내는 부서져 버렸다.

그러니 어떠한 종류의 '파는 것'도 페인트를 칠해서 숨기는 것은 오히려 해가 된다. 일급 세일즈맨이었던 짐 부리츠의 경우도 그랬다. 짐의 사무실에선 분쟁이 일어났다. 아주 일 잘하는 두 사람의 속기사가 사이가 나빠져 그것이 모든 사람의 근무 의욕에 나쁜 영향을 미치고 있었다. 짐은 외근 일에서 뽑혀 분쟁을 해결해야 할 사무실장에 임명되었다.

짐은 확신이 있었다. 곧바로 실행에 옮겼다. 서로 사이가 벌어진 여자 두 사람을 하나씩 자기 방으로 불러 회사가 그녀들의 일을 얼마만큼 높이 평가하고 있는가에 대해서 들려주었다. 그래서 '적'은 비난을 퍼붓는 것보다 오히려 동정을 베풀어야 할 불쌍한 인간이라고 설명하여 서로간의 협력을 요청했다.

잠시 동안은 효과가 있는 듯 보였다. 그녀들은 대립하지 않게 되고, 사무실 안의 사기도 드높아졌다.

"짐은 또 공로를 세웠다." 하고 그의 상사들은 기뻐했다.

그러나 사건은 결코 완전히 해결되어 있지 않았다. 2주일도 채 못 되어 이전의 대립이 다시 재연되었다. 표면적인 우호상 태에서 암투극이 벌어졌던 것이다. 이윽고 사무실 안은 옛날 그대로의 커다란 소란으로 휘말려 버렸다. 드디어 두 사람의 여직원은 해고되고, 짐은 과거의 외근 세일즈맨으로 돌아갔다.

짐도, 그를 사무실장으로 임명한 상사들도, 썩어 버린 우편함 에 페인트를 칠하고 있었던 셈이다. 그들은 내면적인 결점을 고치기 위해서 외면에 무언가를 가미해 보려고 한 것에 불과 하다. 짐의 사무실 두 여직원은 커다란 결점을 가지고 있었다. 해결책은 그녀들이 가지고 있지 않은 것을 그녀들에게 '파는 것'보다 그녀들의 사람됨을 바꾸는 것에 의해서만이 가능했던 것이다. 회사의 사무실은 정신병원도 아니고, 성격을 바꾸는 곳도 아니다. 두 여직원을 해고하고, 그녀들이 다른 직장을 구 하는 길밖에 다른 도리가 없었다.

여기에서 명기하지 않으면 안 될 점이 있다. 사람들에게 해 주었으면 하고 생각하는 것을 시키기 위해선 성격적인 결함을 고치는 게 아니라, 고칠 필요가 없는 사람들을 선정해 내는 것 이다. 짐의 사무실 소란은 인선을 잘못한 탓으로 일어났던 것 뿐이었다.

문제를 다음과 같이 바꾸어 말해 보자. 어느 집단에도 파괴 하려는 부류의 사람이 있다. 그저 기분나는 대로 하는 교제라 면 문제가 아니나, 일정한 기간 교제하지 않으면 안 된다든가, 같은 사무실 안에서 함께 일하지 않으면 안 된다든가, 종종 만나지 않으면 안 된다는 경우가 되고 보면 곤란한 상대방인 것이다.

그런 사람들은 별로 이렇다고 할 결함이 없다. 때에 따라선 매력적이고, 사랑스러우며, 때로는 월등히 뛰어나서 일을 잘하는 인간인지도 모른다. 그러나 주의를 하지 않으면 안 된다. 의학계의 최고 학위를 가지고, 오랜 세월에 걸친 훈련과 경험을 가진 정신병원 의사일지라도 그들을 고치기 위해선 죽도록 노력해도 2년에서 4년은 걸리리라. 전문가가 아닌 사람이 조그마한 우정과 조그마한 비결을 가지고 고치려 해도 결국에 가서는 무리한 이야기인 것이다. 더할 나위 없는 제일 좋은 방법은 그들을 정중하게, 그리고 우호적으로 다룬다든가, 아니면 될 수 있는 대로 멀리하는 것이다.

인간을 근본적으로 바꾸려고 해서는 안 된다. 될 수 있는 대로 바꿀 필요가 없는 사람을 동료나 친구로 선택해라. 인간 관계의 성공은 조종의 마술에 의존하는 것이 아니라, 무엇을 기대할 수 있는가를 아는 것에 있음을 명심해라.

다섯째 ─가장 좋아하는 것을 다루어라

변두리에 살고 있는 사람이 아내가 출산하려고 하자 자동차를 잡아타고 의사를 찾으려고 달렸다. 몇 마일인가를 달려서야 작은 검정가방을 든 사람을 만났다. 그는 굉장히 흥분한 어조로 가방을 든 사람에게 곧 와 달라고 부탁했다. 집에 다다랐을 때가 되어서야 비로소 그는 가방을 든 사람이 의사가 아니라, 피아노 조율사(調律師)임을 알았다. 그는 틀림없이 사람을 불러는 왔으나 틀린 사람을 불러왔던 것이다.

또 하나, 어떤 사람이 아내와 모텔을 개점하기 위해 열심히 일하고 있었는데 그곳을 새로 바이 버스가 지나게 되어 그들의 노력은 헛되이 무너졌다. 그들은 쓸 데없는 짓을 했던 것이다.

우리들 인간 관계의 분야에 좀더 다가가보자. 다른 사람과의 교제에서 얼마만큼 빈번히 틀린 짓을 하고 있는 것일까? 전형적인 예는 새로 지은 집을 흥미 깊게 보고 있는 유복한 듯한 젊은 부부에게 팔려고 하는 세일즈맨의 경우일 것이다. 그는 판 뒤에 그들이 계약금을 지불할 돈을 가지고 있지 않음을 발견할 것이다.

또한 부친의 설득으로 어느 유명한 대학의 공대에 입학한 청년의 경우를 생각해 보자. "장래는 기술자와 과학자의 시대다."라고 그의 부친은 말했으며, 그도 동의했다. 양친은 몇 년 동안을 그를 대학에 보내기 위해 저금했다. 아들은 또 아들대로 합격하기 위해 전심 전력을 다했다.

합격은 했으나 공부는 그에게 쉬운 것은 아니었다. 그는 특히 수학이 힘들었다. 그러나 수학은 공학의 모든 부문에 관계가 있으므로 그는 기초를 잡는 데 고생했다. 그는 이를 악물고 피나는 노력을 다했다. 그의 클래스 메이트들이 축구 시합이나 댄스 파티에 가 있는 때에도 그는 밤늦게까지 미적분(微積分), 도형기하(圖形幾何), 그리고 열역학(熱力學)의 문제와 씨름했다.

그는 보통 이상의 성적으로 졸업했다. 그에게는 공학을 살릴 만한 좋은 취직처가 몇 군데 있었다. 그러나 그는 그 어느 곳에도 취직하지 않았다. 자기가 배워온 학문을 살리는 직업을 택하지 않았던 것이다.

뒷날, 낙담하고 당황해 하는 부친을 향해 말했다.

"아버지, 저는 공학이 싫습니다. 앞으로도 좋아지지는 않을 겁니다. 저는 공학으로 밥을 먹을 수는 있을는지 모르겠습니다만, 좋아서 공학을 하고 있는 사람을 따라가지는 못할 겁니다. 저는 제 시간과 아버지 돈을 헛되이 써왔습니다."

이 예가 가르쳐주는 교훈은 명확하다. 재능이 없는 일을 위하여 시간을 허비해서는 안 된다는 것이다. 시간, 돈, 정력을 흥미가 있는 일, 취향에 맞는 일에 바쳤더라면 성공과 행복을 약속받았을 것도 당연한 일이다.

인류의 커다란 문제는 세상에는 이만큼의 선의가 있는데, 또한 몇 백만 명이라고 하는 사람들이 교회, 학교, 그밖의 사회 단체를 통해서 세상을 좀더 살기 좋은 곳으로 만들려고 하고 있는데, 어째서 세상은 지금과 같이 혼탁한 상태에 있는 것일까? 하는 점이다.

이 대답은 간단하다. 그러나 그 사실을 알고 있는 사람은 극소수뿐이다. 그 사실이란 무엇이 필요한가를 알지 않으면 아무리 목표를 향해 노력할지라도 결국 아무런 도움도 되지 않는다는 것이다.

그럼 무엇이 필요한가를 어떻게 알 수 있을까? 인간 관계에 있어서의 어느 점에 노력해야 하는가? 다시 말하면 잘못된 것에 노력하지 않고, 올바른 것에 노력하려면 과연 어떻게 하면 좋은가?

그래서 이 장의 "지불할 능력이 없는 자에겐 '팔지'마라."라고 하는 항목에서 생각한 '과학적 방법'의 일을 돌이켜보자. '사실을 모으고, 그것을 분석하고, 그 사실을 바탕으로 판단을 내린다.'라고 하는 공식을 돌이켜 생각해 보기 바란다.

어떠한 인간 관계의 문제에도 확인할 수 있는 사실—눈앞에 있는 문제에 적용할 수 있는 사실—이 있다. 시간을 두고 그것들을 찾아내 보자. 자기 자신이 원하지 않은 일을 위해 시간과 돈을 소비했던 대학생의 이야기를 다시 생각해 보자.

그는 대학에 들어가기 전에 이 일을 알았어야 했던 것이다. 그는 수학에서 좋은 점수를 따려면 다른 학생보다 두 배의 노력을 하지 않으면 안 된다는 것을 알고 있었다. 그리고 대학의 공대는 수학뿐이라는 것도 알고 있었다. 또한 자기 흥미는 물건에 있는 게 아니라, 사람에게 있고, 그의 행복은 사회 과학이나, 문학 분야에서 가장 잘 이루어질 수 있으리라는 것도 함께 알고 있었다. 최초에 잘못된 점은 아버지가 좋아하는 데 따라, 진로를 결정했던 일이었다. 그의 아버지는 평생 기사가 되고 싶어했던 기계 제도사(製圖師)였다. 그래서 자기가 이루지 못한 꿈을 대신 아들에게 맡겼던 것이다.

이 예 가운데에는 인간 관계의 문제에 적용할 수 있는 두 가지 사항이 있다.

① 자기의 일을 알고 있지 않은 자에 의해 좌우되지 마라.
② 감정이나 감상에 의해 사실을 왜곡하고 있지 않는가 확인한다.

일에 성공하는 비결은 놓여진 환경 아래서 효과적인 일을 하는 것이다. 석유를 찾아내려면 많은 구멍을 판다거나, 빨리 판다거나 하는 것이 아니라, 올바른 장소를 택하는 것이다. 최대의 실패자란 가치가 없는 것을 하는 데 성공한 사람들이다.

미국의 금주운동(禁酒運動)을 돌이켜 생각해 보자. 우선 처음에 금주운동가들은 좋은 일을 하고 있다고 하는 신념에서 몇 년 동안이고 목숨을 건 채 그 운동을 계속한 결과 성공했다. 수정(修正) 제18조는 그 지방의 법률이었을 뿐만 아니라, 북미합중국 헌법의 일부가 되었다.

그런데 그들은 잘못된 것을 저지른 결과가 되었다. 왜냐하면 그들은 음주를 감소시킨 게 아니라 오히려 증가시켰다. 그들은 범죄를 감소시킨 게 아니라 오히려 그것을 더욱 부채질하여 뿌리깊게 만연시켰다. 수정 제18조는 철회되고, 그것을 만들기 위해 바쳐진 노력은 헛되었을 뿐만 아니라, 보다 더 나쁜 결과가 초래되었다.

세상을 보다 좋게 만들기 위해 바쳐진 노력이 비극적인 결과로 끝난 것은 많은 경우 패배가 아니라 승리가 실효를 거두지 못했기 때문이다. 지도자는 처음에 사실을 파악하는 데 실패했다. 그들은 너무나 열중한 나머지 사람들이 어떻게 행동하는가를 생각지 않고 맹목적으로 돌진했다. '사람들로부터 무엇을 기대할 수 있는가.'를 아는 게 아니라, 영향력, 조종, 강제를 생각하고 있었다. 사람 하나하나의 심리적 구조에 대해서는 생각지 않았다. 도와주려고 하는 노력을 사람들이 감사하는 것은 당연하다고 단정하고서 행동을 취한다.

사람들은 좀처럼 감사해 하지 않는 존재인가 보다.

어떠한 일에도 좋은 점이 있다고 하는 것은 사실이다. 금주운동 지도자의 근시안적인 사물을 보는 방법에서 무언가를 배울 수가 있다. 그들이 실패한 결과는 매우 극적으로 묘사되어 있어 인간 관계를 처리하는 데 좋은 본보기가 될 것이다.

사람들이 어째서 '불합리한' 방법으로 행동하는가에 대해서는 적절한 이유가 있다. 그 이유 중 몇 가지는 아주 옛날에 싹

터서 종족의 기억 깊숙이 묻혀 있으며, 다른 몇 가지는 개인의 성장기에 각 사람 속에 심어져 있다.

이 이유들을 하나하나 밝혀내고, 뒤집어놓고, 조사하여 어느 점에서 사람들은 닮았는가, 또한 어느 점에서 사람들은 서로 다른가—다시 말하면 사람들은 어째서 지금 그들이 하고 있는 것과 같이 행동하는 건가—를 밝히는 것이 이 책의 주목적이다. 이 '어째서인가'를 충분히 이해한다면 사람들로부터 무엇을 기대할 수 있으며, 그 결과 더욱 잘 사귀려면 어떻게 하면 좋은가를 알 수가 있을 것이다. 사람들을 조종할 필요도 그리 없겠으며, 인간 관계도 잘될 것이다. 그리고 행복과 성공의 확률도 증대될 것이다.

아마도 여러분은 마음속으로 자기는 자기 자신과 잘 사귀고 있다고 생각하고 있을 것이다. 그럴는지도 모른다. 그러나 인간은 매우 복잡한 성격의 소유자다. 아마도 살아 있는 한 자기에 대해서 새로운 것을 계속해서 배울 것이다. 이것은 중요한 일이다. 왜냐하면 자기 자신과 잘 사귀는 것을 배우지 않고서는 다른 사람과 잘 사귀는 것은 도저히 불가능하기 때문이다.

그래서 이 책의 제2부인 '자기와 어떻게 사귈 것인가'를 보기 바란다.

사람들은 언제나 합리적으로 행동한다고만은 단언할 수

없다. 어째서 사람들은 합리적으로 행동하지 않는가를 이해
한다면, 다른 사람들로부터 무엇을 기대할 수 있는가를 알 수
있다. 그리고 무엇을 기대할 수 있는가를 앎으로써 그들과 어
떻게 사귀면 되는가를 알 수 있다.

상품을 팔고 있을 때에도, 사고 방식을 팔 때에도, 또한 자
기에 대한 것을 P.R. 하고 있을 때에도, 이치는 매한가지인 것
이다. 다음에 효과적인 판매에 대해서 주의해야 할 다섯 가지
사항을 들겠다.

① 무엇을 팔 것인가를 우선 생각해라.
② 인간 관계의 시장에 주의해라.
③ 지불 능력이 없는 자에게는 팔지 말아라.
④ 다른 사람의 성격적 결함을 고칠 수는 없다.
⑤ 가장 좋아하는 일을 다루자.

제2부

자기 분석의 기술

'자기 자신을 알라'
이것이 모든 행동의 기초가 된다.
그러나 자기를 바라본다고 자기를
알 수 있는 것이 아니다.
다른 사람의 눈으로 볼 때,
비로소 그대 자신을 똑똑히
알 수 있는 것이다.
—존·러스킨—

제3장

자기를 알라

제일 어려운 것은 뒤로 돌리고 나서, 두번째로 어려운 것은 자기를 있는 그대로 본다는 것이다. 옛날 희랍의 황금시대에 소크라테스라는 철학자가 한 제자로부터 이 세상을 살아나가고, 생활을 잘 영위하려면, 어떻게 하면 좋은가 하는 질문을 받았다.

그의 대답은 "너 자신을 알라."고 하는 것이었다.

다른 사람들을 아는 것과 똑같이 자신을 아는 것이다. 이 장을 다 읽었을 때엔 자기에 대해서 지금까지 품고 있었던 이미지보다도 더욱 현실적인 이미지를 갖게 될 것이다. 이것은 다른 사람을 정확히 평가하는 데 도움이 된다. 왜냐하면 우리들은 서로가 다름과 동시에 많은 공통점을 가지고 있기 때문이다.

자기 분석의 기술과 습관을 몸에 지녔으면 다른 사람을 조사하는 것보다도 자기를 살피는 편이 훨씬 쉽다는 것을 발견할 것이다. 자기 자신을 앎으로써 다른 사람에 대해서도 많은 것을 알 수가 있게 된다.

우선 이 일이 얼마만큼 자기에게 적용되는가를 보는 게 좋다. 반드시 전부가 적용된다고는 할 수 없다.

인간의 욕망 가운데서 가장 강한 것은 무엇일까. 프로이트는 성욕(性慾)이라고 말했다. 또 다른 사람은 식욕(食慾)이라고 말한다. 다른 사람은 어떠한 종류의 것이든 자기 보존욕을 든다.

나는 여기에 — 가장 강한 것의 하나로서 — 인간으로서 가치가 있었으면 하고 생각하는 욕구를 보태고 싶다. 즉 자아(自我)를 고양(高揚)시키는 욕구이다.

자기에게 인상을 남긴다

조오지 맥머너스의 〈아버지를 키우다〉라고 하는 만화의 주인공 매기 지크스는 거칠고 교양이 없는 지능범이다. 그녀는 싫어하는 오페라, 음악회, 강연회를 좋아하는 체한다. 좋아하고 또한 맛있는 쇠고기나 양배추를 싫어하는 체한다. 왜 이와 같은 짓을 하는 것일까? 그녀는 남편이나 친구, 그리고 그 누구도 속이고 있는 것은 아니다. 자기 자신을 속이고 있는 것이다.

이 사실을 보통 사람들한테서 알아보는 것은 중요하다. 즉 사람들은 다른 사람에게 인상을 주려고 하는 것 이상으로 자기 자신에게 인상을 주려고 노력한다. 술집이나, 휴게실이나, 우물가 쑥덕공론에 참여하여 귀를 기울여보라. 사람들은 큰 소리로 정치라든가, 종교라든가, 어린이들을 어떻게 교육시켜야 좋은가 등을 토론한다. 결혼이라든가, 청소년의 불량화 문제라든가, 세상 돌아가는 판도에 대해서 눈부시게 의견을 개진한다.

그들의 의도는 사람들을 설복하려고 하는 것은 아니다. 자기가 지적으로 뛰어나 있다고 자기에게 증명해 보이려고 하는 것이다. 토론하고 있는 문제에 대해서는 아무런 지식도 가지고 있지 않는지도 모른다. 그렇지만 오랜 시간 토론을 계속하고 있으면 자기를 속일 수가 있다.

무엇이 중요한가를 안다

상대방에게 무엇이 중요한가를 알게 되면, 그 사람과 어떻게 사귈 것인가를 반은 알게 된다. 많은 사람들의 이 우월감은 보통 어느 한정된 분야에 관한 것이다. 그것은 스포츠에서, 음악, 요리를 만드는 일 따위 등에 이르기까지 이 세상의 모든 것에 이른다. 그리고 사람들이 자랑으로 삼는 이러한 특기는 본업과는 아주 관계가 없는 경우도 있다. 법률가는 자기가 뛰어난 말 감정가라고 생각하고 있는지도 모르며, 목사는 자기를 토마토 재배의 일인자라고 생각하는지도 모르고, 또 실업가는 자기를 훌륭한 연설가라고 생각할는지도 모른다.

대개의 사람들은 '남에게 지지 않는다.'고 생각하는 분야를 가지고 있다. 만일 누군가와 잘 사귀어보려고 생각한다면, 그 사람의 흥미를 잘 관찰할 일이다. 그 사람의 흥미는 그의 유일한 약점에 쏠려 있는지도 모른다. 만약 사람들이 태어나면서부터 자존심을 가지고 있다면, 그 사람의 자존심은 자기 약점에 있다.

목표를 안다

어떤 일을 이루었다고 느끼며 보는 눈은 사람들에 따라서 몹시 다르다. 아마추어 바이올리니스트는 프로 바이올리니스트가 만족하지 못해 비판하는 것 같은 연주에 커다란 기쁨을 느낀다. 또한 어떤 사람은 당 대회의 후보자로 뽑히면 기뻐 날뛸지도 모르나, 다른 사람은 미합중국 대통령에 낙선한 것을 몹시 비판하는 일도 있다. 어떤 작가는 한 가지 책을 출판한 것만으로도 목적을 달성할 수 있었다고 생각하는 반면에, 다른 작가는 자기 작품이 한결같이 베스트 셀러가 되지 않으면 만족치 않는다.

보기 흉한 여왕은 자기가 백설공주보다도 아름답고, 매력적이라고 자기를 기만한다.

"벽에 걸린 거울이여, 거울이여, 이 세상에서 가장 아름다운 것은 누구냐?"라고.

사람들은 좋든 나쁘든, 또한 높든 낮든, 목표를 정하고 있다. 그 목표에 도달해서 비로소 자기를 되찾는다. 거기서 그는 자기 이상의 것으로 보이려 하고, 자기를 기만하기 시작한다. 남을 기만할 수는 없을는지 모르나 자기를 기만할 수는 있다.

이와 같은 것은 누구나가 하고 있는 것이다. 우선 이 일을 인식해라. 그리고 자기에게 과한 장해로부터 자기를 해방해라. 그 때 비로소 자기 주위를 보고, 남이 자기를 기만하고 있는 정도를 어림할 수가 있다.

이상을 말한다면, 목표는, 자신의 목표는 자신에게 있어서나 사회에 있어서 무엇이 가능하고, 바람직한가를 기준으로 정해야 한다. 그러나 사실은 그렇지 않다. 어째서일까?

그 하나는 어렸을 때 부모가 뭘을 해야 하는가, 또한 어떠한 인간이 되어야 하는가의 계획을 미리 만들어 버리기 때문이며, 우리들은 성인이 될 때까지 이 계획을 쫓아가는 것이다.

그밖의 사고 방식은 소년 소녀시절의 소꿉동무들이나, 어른이 되어서는 아는 사람으로부터 얻는다. 학교, 교회, 일반 사회 등은 제각기 조금씩 영향을 준다. 기분이 좋았다고 느꼈던 경험, 불유쾌하게 생각했던 일, 게다가 새로운 사고 방식을 가미하여 옛것을 수정한다. 그리고 성인이 될 때까지 무엇을 할 것인가, 무엇이 될 것인가를 결정해 버린다. 자기의 목표가 시시한 것이든, 매우 중요한 것이든 같은 것이 되어 버린다.

목표는 좀 평범한 정도가 좋다

이상스럽게 들릴는지 모르지만, 복잡한 문제는 낮은 목표에서보다도 높다고 생각되는 목표에서 일어난다. 왜냐하면 목표를 달성하는 데 실패한다면, 자기를 혐오하게끔 되기 때문이다. 목표가 거의 불가능한 것이었다 할지라도 그것을 달성하는 데 실패하고 보면, 자기를 가치없는 인간으로 비하시킨다. 그리고 그와 같은 현실에 직면하면 어떠한 수단도 가리지 않는 법이다.

자기 목표를 지키기 위해 커다란 희생을 지불하고 굉장한 노력을 할 것이다. 다른 사람의 행복을 희생할 뿐만 아니라, 자기들의 즐거움이나 행복, 그리고 생명까지도 희생한다. 무엇

때문에 그럴까? 다름이 아니라, 자기가 이렇다는 것을 자타 모두에게 인식시키기 위해서이다.

사람들은 자기 비하에서 빠져나가기 위해 온갖 수단을 다 쓴다. 그 때문에 더욱 인간 관계를 까다로운 것으로 만들고 있다. 자기의 장점과 단점을 정확히 알고 있으면, 이 문제들은 적절히 처리할 수 있다. 사람들은 자기 자신을 다소의 차이는 있어도 기만하고 있다. '자기 자신을 아는 것'은 사람들을 간 파하는 제1단계이다. 다음에 자기를 잘 알기 위한 방법을 세 단계로 나누어보자.

① 자기 능력을 검토하고 무엇을 가지고 있는가를 안다.
② 그 능력의 한계를 똑바로 받아들인다.
③ 그 능력을 최대로 활용한다.

이 세 단계를 밟아서 비로소 남을 올바로 평가하게 되고 남 과 사귀는 적당한 방법을 발견할 수가 있다. 올바른 평가를 내 리기 위해 자기를 어떻게 표현할 것인가에 대해서는 이 장의 마지막에 가서 언급하겠다.

목표를 달성할 수 없었던 사람은 자기 실패를 상대방에게 보 여줘야 한다.

실패의 징후(徵候)

위태로운 상태를 피한다

축구 선수가 고의로 태클에 실패했다고 하자. 어째서인가.

물론 관객의 기분을 맞추려고 그러는 것은 아니다. 또 하나의 실패를 피하기 위해서이다.

"만일 정말로 이 사나이를 넘어뜨리려고 해도 실패할는지 모른다. 그러한 것엔 참을 수 없다. 열심히 하지 않아도 그를 넘어뜨릴 수 있을는지 모른다. 다음에 또다시 실패를 겹쳐 하는 것보다 지금 실패해서 동료들의 노여움이나 관객들의 경멸을 참는 편이 훨씬 낫다."

어째서 그가 두번째에 실패하는 것보다 자청해서 맨 처음에 실패해 두는 것이 낫다고 생각했는가는 그의 인격에 따른 것이다. 이 일에 관해서는 뒤에 상세히 언급하기로 하겠다. 사실 그는 어느 종류의 실패에는 견뎌낼 수는 있어도, 다른 종류의 실패에는 견딜 수 없다는 것이다. 그래서 그는 견딜 수 없는 실패는 극력 피하는 것이다.

축구 선수 정도는 아니나, 사람들은 자기가 약하다고 보이는 상태를 될 수 있는 대로 피하려고 한다. 야구 선수는 수천 명이라는 관객 앞에서 경기하는 것은 아무렇지도 않으나, 사람들 앞에서 이야기하는 것은 고통스러운 경우가 있다.

시합에 진 아이가 "나는 이기려고는 생각하지 않았다. 지려고 생각했던 것이다."라고 말하는 것을 들은 적이 있을 것이다.

이 아이의 성질은 어른이 되어서도 바뀌지 않는다. 어른은 실패를 피하는 것이 아이들보다 좀 능수 능란할 뿐이다.

감정적이 된다

사람들은 자기 실패나 한계를 직감하여 알게 되면, 어떤 일

에도 과민하게 된다. 사람들이 다음과 같이 말할 때에는 잘못
이 고쳐지는 것을 피하고 있는 때이다.

"이젠 그만 그 일에 대해서는 토론하고 싶지 않다."

"나에 관한 한 그 토론은 끝장이다."

"그것에 대답할 필요는 없다."

권위를 강요하는 사람들에게도 주의하지 않으면 안 된다.
부모가 다음과 같은 말을 하는 것을 들은 적이 있을 것이다.

"이 배은망덕한 놈아, 부모한테 반대하다니 될 말인가."

"네 생각은 틀려먹었어. 네가 나만큼 나이를 먹고 이것저것
알게 되면, 제 잘못을 깨닫게 될 것이다."(나는 절대로 잘못되지
않았어.)

여기에서 주의하지 않으면 안 될 방어 반응이 또 하나 있다.
사람들의 약점에 대해서 자기도 모르게 언급했기 때문에 욕을
먹은 일이 있을 것이다. 이런 일을 당했을 때, 그것은 상대방
의 기분이 나쁘기 때문이라든가, 불유쾌하다든가, 불공평하다
고 생각해서는 안 된다. 다음과 같은 이유에 의하는 것이라고
생각해 보는 것이다. 자기의 약점을 들추어 내보이는 것이 싫
어서 화제를 바꾸려고 한다. 또는 자기 주장이 도리에 맞지 않
기 때문에 상대방의 비난이 맹렬하고, 그 결과, 그 화제로부터
사람들의 주의를 다른 데로 돌리려고 생각하고 있다고.

또한 자기 자랑을 잘하는 사람들을 만나는 경우도 있을 것이
다. 어떠한 성공을 했다든가, 얼마만큼 모두가 주목할 만한
훌륭한 일을 했다든가를 언제나 말하고 있는 사람은 사실은 다
음과 같이 말하고 싶은 것이다.

"나는 사업에 실패했다. 현재 나는 실력을 제대로 발휘하고
있지 않다. 그러므로 과거의 성공을 자랑함으로써 현재의 실패

를 잊으려 하고 있는 것이다.”

사람들이 실패를 은폐하는 또 하나의 방법은 자기 이하의 사람과 비교하는 방법이다. 언제나 남을 깔보고, 남은 모두 잘못이고 바보이며, 얼이 빠져 있다고 조소하고 있는 사람을 알고 있을 것이다. 이와 같은 사람들이 말하고 싶어하는 것은 다음과 같다.

“나는 지금 진짜 실력을 발휘하고 있지 않다. 그것은 나에게는 대단히 괴로운 일이다. 만일 다른 사람이 나보다 더 못하다고 생각되면, 조금쯤은 기분이 좋게 된다. 나보다 작은 사람의 이웃에 선다. 만일 그것이 불가능하다면, 그를 작게 보이게끔 해준다.”

재미있는 것은 이와 같은 수법을 쓰고 있는 사람들은 실제로 뛰어났건 그렇지 않건, 자기 실패를 감추려고 한다. 여기에서 생각되는 것은 이솝우화에 나오는, 포도를 따려고 하였으나 포도에까지 미치지 못한, 여우의 이야기다. 여우는 어떻게 했을까? 여우는 말하기를 포도란 시큼한 것임에 틀림이 없다고 말했다. ‘시큼한 포도’의 구실을 평소 쓰고 있는 사람들은 남을 속이려고는 하지 않는다. 다만 이렇지 않았으면, 하고 믿으려 하고 있을 뿐이다.

구실을 만든다

구실이란 실패의 책임을 다른 데에 전가하는 방법이다. 가장 간단한 것은 책임을 환경에 전가하는 방법이다.

“나는 운이 나빴다.”

“만사가 잘 되어 갔는데 악운이 닥쳐왔다.”

이와 같은 변명은 새빨간 거짓말이라고는 말할 수 없다. 누구나 성공할 것 같지도 않은 일에 맞붙어 씨름하는 경우가 있다. 그러나 성공한 사람에겐 행운만이 있었고, 실패한 사람에게는 악운밖에 없었다고는 말할 수 없다. 판단을 그르치므로 악운을 초래하는 것이다. 악운은 잘못된 때나 장소에 들어온다. 자기가 놓여진 환경을 책망하는 것은 실패를 숨기는 수단인 것이다.

비록 책망할 환경이 없다 해도 핑계를 날조한다. 실패를 인정하는 일이 없는 사람은 가령 병을 구실로 삼는다. 언제나 시험 전이 되면, 두통을 일으키는 학생은 시험을 피할 수 있는 구실을 만들어내고 있다.

"나는 병에 걸렸다. 병자에게 시험에 합격하라고 말해봤자 무리다."

만일 다른 사람을 속이려면 병이 난 것처럼 하여 약을 하나라도 먹으면 정말인 것처럼 보일 것이다. 그러나 목적은 다른 사람을 속이는 것이 아니라, 자기를 속이는 것에 있다. '무의식의 마음'이 그와 같이 작용하고 있는 것이다.

자기가 일부러 일으키는 병은 두통 뿐만 아니라, 다른 데도 여러 모양으로 증상을 불러일으킨다. 소화 불량이 되기도 하고, 마비를 일으키기도 하고, 눈이 멀기까지도 한다. 이것들을 기능질환이라고 부른다. 신경, 근육, 그밖의 기관은 정상으로 일하지만, 본인이 일을 시키려 하지 않는다.

그러나 그는 병인 체하고 있는 게 아니다. 실제로 병인 것이다. 증상은 혈압, 발한(發汗), 동계(動悸) 따위에 나타난다. 그의 병은 태도의 변화에 의해서 고칠 수 있으나, 약이나 의지의 힘으로써는 고칠 수 없다.

실패하면 환경을 책망하거나, 책망할 환경을 만들어내거나 하는데, 그보다 더욱 비극적인 것이 일어난다. 그것은 다른 사람을 책망하려고 하는 경향이다. 자기의 어리석음, 욕심, 적의(敵意) 따위를 보류해 두고 누구든 다른 사람을 책망하지 않고서는 견디지 못하게 된다.

세상에는 남을 상하게 하고는 당황해 하는 사람이 많다. 아이들을 강요한 나머지 아이들이 반항하자 마음으로 곤란해 하는 부모들이 있다. 자기 탓이라고는 생각하지 않고 주위 사람들에게 전가하려 한다.

"상사는 이해해 주지 않는다."

"선생님은 나를 싫어한다."

"아이들은 전혀 은혜를 모른다."

"이번의 불운은 아내 탓이다."

"내 주위의 사람들은 모두 바보다."

어머니, 아버지, 상사, 친구 등 누구이든 가까운 사람들이 문책을 당한다.

물론 남이 나쁜 경우도 있다. 어머니가 아이를 못쓰게 하는 경우도 있는가 하면, 아이들이 정말로 은혜를 모르는 경우도 있다. 선생이나 상사 가운데는 학생이나 부하한테 까닭없이 화를 내는 사람도 있다. 책임은 언제나 반드시 불평을 말하고 있는 사람한테 있다고는 단정하지 못한다. 그러나 인간에게는 나쁜 짓을 남의 탓으로 돌려 버리는 경향이 있다는 것을 알지 않으면 안 된다.

또 한 가지 중요한 점은 불평을 말하고 있는 사람은 무의식 중에 언제나 특정한 상사라든지 친구라든지 자기 아내를 그 대상으로 선정하고 있다는 사실이다.

구실을 말하는 소년 가운데에 비꼬기 잘하는 아이가 있다. 비꼬는 것은 책임을 누군가 다른 사람, 또는 다른 것에 전가하려고 하는 노력이다.

"이것도 저것도 다 나쁘다. 그리고 모두가 잘못되어 있다. 모든 것은 절망적이다."

이 야유쟁이가 말하고 싶은 것은,

"아무도 성공할 수 없으므로 실패하는 것도 당연하다."라고 하는 것이다.

잘못된 실패 처리법

실패를 숨기거나 부정하는 데 앞의 세 가지 방법이 도움이 되지 않는 경우가 있다. 실패를 피할 수 없을는지도 모르며, 또한 좋은 구실이 발견되지 않는 때도 있다.

자기를 지키기 위해—실패를 피하기 위해—두 가지 방법이 남아 있다. 이 두 가지 방법이란 '합리화'와 '도피'이다. 하나하나 간단하게 설명해 보자.

합리화

대부분의 사람들은 자기 결점을 인정하려 하지 않는다. 감정적이 된다거나, 이성을 잃은 것은 자기가 아니라, 다른 사람이라고 생각하고 있다.

어쨌든 자기를 이치에 맞는 인간인 것처럼 보이고 싶어한다. 그러므로 무엇을 할 때나 많은 이유를 가지고 있다(심리학자는 이것을 합리화라고 부른다). 이 이유들은 진짜 이유가 아닐는지도 모른다. 또한 이유가 되지 않는 이유인 경우도 있다. 그러나 그것들은 그 나름대로의 역할을 다하고 있다. 자기는 이상적인 인간이라는 것을 자기 자신에게 증명하는 역할인 것이다.

대부분의 사람들은 자기는 도덕적이고, 올바른 것을 행하는 인간이며, 다른 사람들은 결함이 있다고 생각하고 있다. 그러나 이해하고 세상 사람들과 교제하기 위해서는 사람들은 모두 무엇인가의 기준에 좋아서 행동한다고 생각하고 싶어한다는 것을 알 필요가 있다. 다음에 그 예를 들어보자.

1. 실패를 미덕처럼 설명한다

자기들의 실패는 고의로 선택한 결과이며, 미덕이라고 설명하는 일이 있다. 다른 사람에게 믿게끔 할 수는 없어도 자기로서는 그렇게 생각하고 있다. 이것이 문제인 것이다.

데이트 신청을 받지 못한 아가씨는 다른 아가씨들이 인기가 있는 것은 도덕적으로 투철하지 못하기 때문이라고 설명한다. 악수하는 것을 싫어하는 사람은 자기가 지나치게 결백하기 때문이라고 생각한다.

지나치게 고지식하거나 지나치게 결백한 사람은 무언가 다른 데가 있으나, 자기는 그렇게 생각하지 않고, 다른 사람들을 이상하다고 생각한다. 누군가가 지나간 곳이라든가, 만진 곳을 언제나 청소한다거나, 닦고 있는 부인을 본 적이 있을 것이다. 그녀는 자기 집을 언제나 번화가의 진열장처럼 해둔다. 너무 지나치게 깨끗이 해두었기 때문에 도리어 마음이 불안할 정도이다. 내가 담배 한 개를 피우는 사이에도 그녀는 재털이를 비우고 그것을 닦는다.

이 부인의 태도가 나타내고 있는 것은 다음과 같은 것이다. "내 감정 생활은 엉망진창이다. 나는 남편과도, 아이들과도, 친구와도 잘 어울리지 못한다. 그래도 우리집이 얼마나 청결하고 깔끔한가 보아라."

다른 사람과 잘 어울릴 수 없는 사람은 자기가 '예술적 기질'의 소유자이기 때문이라고 생각할는지도 모른다. 그들은 이렇게 하여 자기들의 결점을 '합리화'하는 것이다.

2. 자기 일은 듣기 좋은 말로 하고, 남의 일은 듣기 싫은 말로 한다

남의 얘기를 할 경우	자기 얘기를 할 경우
인색한, 값싼	경제적인
돈 쓰는 게 헤픈	선심 좋은
유들유들 사람 좋은	관대하여 친절한
욕심꾸러기의	앞을 내다보는
완고하고 고집이 센	견고하고 독립성이 있는
사기꾼	남보다도 기민한
비겁하고 사기적인	영리한
뻔뻔스러운	노골적인, 분명한

이 리스트에 더 첨가하려면 얼마든지 첨가할 수 있다. 가령 남이라면 '노름한다'고 할 것을 자기의 경우에는 '투기한다'고 한다.

 필요 이상으로 많이 아는 것보다, 가능 이하로 적게 아는 편이 오히려 낫다. 무지를 두려워 하지 말라. 지나친 지식과 너무 무거운 짐이 되는 지식, 그리고 허영을 위한 지식을 두려워 하라.

3. 집단에 의지한다

자기 혼자만으로선 불안한 사람들은 자기들의 우월성을 그 속하는 집단의 도움을 빌어서 믿으려고 한다. 이것을 속물 근성(俗物根性)이라고 한다. 현재의 자기들보다도 뛰어난 건 없다고 믿으려고 할 때에 속물 근성이 나타난다. 다음에 드는 것이 그 속물 근성의 유형이다.

●**인종 차별의 속물 근성**― 문명은 민족에게 제각기 고유한 언어를 창조했다. 자기 민족의 언어는 다른 민족의 언어보다 훌륭하다고 생각한다. 히틀러와 그의 초인종(超人種)이 대표적인 하나의 예이다.

실제로 자기 종족, 자기 국가, 자기 계급, 자기가 속하는 집단이 다른 것보다 훌륭하다고 느끼는 것은 당연하다. 만일 모두가 가장 뛰어나다고 생각한다면 거기에는 명백한 잘못이 하나 있다. 모두가 가장 뛰어나다고 하는 것 따위는 있을 수 없기 때문이다. 그러한 논리는 여기에서는 통용되지 않는다. 사람들과 어떻게 하여 사귈 것인가를 알고 싶은 사람은 이러한 사실을 충분히 알 필요가 있다.

●**종교적 속물 근성**― 대부분의 사람들은 자기가 믿는 종교가 훌륭하다고 말한다. 훌륭할 뿐만 아니라 더불어 유일한 종교라고 말한다.

●**지적 속물 근성**― 의무 교육 이상의 사람, 많은 학위를 가지고 있는 사람, 또는 좋은 학교를 나온 사람은 자기들이 뛰어나다고 생각하는 일이 있다.

●**경제적 속물 근성**― 이것은 가장 보편적인 속물 근성이다. 남이 살 수 없는 것을 가지고 있으면 자기는 우월하다고 생각

한다. 보석, 밍크코트, 고급 자동차 따위가 그렇다. 이것들은 반드시 유용하다고는 단언할 수 없으나, 가지고 있으면 훌륭하게 보이므로 사고 싶어하는 것이다.

4. 약점으로 사이비 전선을 편다

지금까지 언급한 속물 근성은 어느 것이나 허풍이며 거짓이다. 인간이 어느 점에서 가장 약한가, 사람이 어디에서 거짓을 행하고, 어디에서 선을 긋고 있는가를 알면 된다. 사람들이 자기를 숨기는 보통 방법을 두세 가지 살펴보자.

● 위엄과 극기에 의한 사이비 — 이런 사람을 알고 있을 것이다. 그는 조용하고 침착한 목소리를 가지고 있다. 결코 화내지 않고, 어떠한 일에도 감정적으로 되지 않는다. 또한 마음속 깊이에서 웃는 일도 없고 생활을 즐기고, 일에 열광하는 다른 사람을 경멸한다.

그러나 그에게도 장점은 있다. 약속을 좀처럼 어기지 않고 책임감이 매우 강하기 때문에 장사에는 적당하다. 그러나 좋은 친구라고는 말할 수 없다. 그것은 어느때일지라도 즐기고 있는 것 같이 보이지 않기 때문이다. 그는 알코올 중독환자가 될는지도 모른다. 자기 감정을 노골적으로 나타내기 위하여 술 힘을 빌리는지도 모르기 때문이다. 그는 만일 감정에 지게끔 되면 제어할 수 없는 것을 두려워하고 있다. 그러므로 감정을 누르고 있다. 감정이 밖으로 나올 때는 주의가 필요하다. 그 때에는 풀려나온 사자와 같이 위험한 인물이기 때문이다.

● 중요하다고 생각케 하는 사이비 — 이런 종류의 사람은 자기가 갖지 않는 권위를 구하려고 찾는다. 사무실에서는 쉴새 없

이 돌아다닌다. 모든 사람에게 날카로운 목소리로 명령을 내린다. 자기 동료의 어리석음에 대해서 불평을 말한다. 점잖은 비서가 저지른 실수가 어쩔 수 없는 것이었는데도 커다란 실수라도 저지른 것처럼 끊임없이 몰아댄다. 그는 좀처럼 남을 속이는 일은 없다. 그는 자기 자신에게 인상지우기 위해 하고 있는 것이다.

"겁쟁이라고 생각되는 것이 싫어서 안간힘을 다해 숨기려 하고 있다. 나는 허세를 부림으로써 남을 속일 수는 없어도, 내 자신을 속일 수는 있다."

이처럼 말하고 있는 것이다.

● **교육과 교양의 사이비**— 이런 종류의 사람은 교양 강좌인 과학, 철학, 미술의 등록증을 샀으나, 한 번인가 두 번 출석하였을 뿐이다. 베스트 셀러에 대해서 토론하고 싶어한다. 그 책 전부는 읽지 않았어도 비평은 꼭 읽는다. 사실은 흥미를 가지고 있지 않은데, 흥미를 가지고 있는 체한다. 특히 자기에게 그처럼 믿게 한다. 얼마나 자기에게 교양이 있음을 믿고 싶어했던 것일까.

●**부의 사이비**— 여기에 속하는 사람은 많다. 고급 주택에 살고 집세나 의복에 돈을 들이고, 실제 분수 이상의 차를 타고 다닌다. 손님이 있으면 값비싼 음식물로 접대한다. 그 때문에 살림살이는 항상 적자가 된다. 다른 사람에게 보이지 않는 것은 가령 생활 필수품일지라도 절약한다. 빚쟁이 모습이 보이면 숨어다니고, 수입을 늘리려고 안간힘을 쓴다. 그러나 수입은 지출을 따라가지 못한다. 왜냐하면 조금 수입이 늘어나면 그만큼 부유층 생활을 하고 있는 사람의 흉내를 내려고 하기 때문이다.

이와 같은 사람을 가까이할 때는 주의하지 않으면 안 된다. 돈 지불이 나쁘기 때문이다. 언제나 빚이 있어 행복하고 만족하게 지낼 수 없다. 그들에게는 자기들이 부자라는 것을 증명하기 위해서 돈이 지나치게 많이 든다.

이상과 같은 방법으로 자기 가치를 증명하려고 하는 노력은 기껏해야 부분적인 성공을 거두는 데 불과하다. 때로는 완전한 실패로 끝나는 수도 있다. 그 때에 어떠한 일이 일어날 것인가?

강한 열등감으로 괴로워한다. 언제나 마음이 가라앉을 때가 없다. 노여움의 반은 우월감이고, 반은 열등감이다. 그렇게 좋은 사이도 아닌 친구들을 즐겁게 해주기 위해 쓰는 값비싼 비용을 절약하여 참으로 바라는 것을 위해 돈을 쓰고 싶다고 생각한다. 그러나 다른 반쪽이 외친다.

"그런 짓을 하지 마. 만일 정말 친구라고 생각하고 있는 사람이 당신을 싫어하면 어쩌지?"

만일 이 마음속의 갈등이 오래 계속되면, 참을 수 없게 되고 다음에 언급하는 도피가 된다.

도 피

● 술— 사람은 취하면 일종의 평안을 찾아낸다. 그러나 난처한 것은 술이 깨면 평안은커녕 불안이 되어 버린다. 그 결과 오히려 최초의 상태보다도 나빠진다.

● 환상— 이 상태에 있는 사람은 자기가 어떠한 일이라도 할 수 있으며, 어떠한 사람이라도 될 수 있는 것 같은 마음이 든다. 영화나 소설이 이를 방조하여 그 속의 주인공이 된 것처

럼 생각하게 한다. 이것은 지나치게 극단으로 뛰지 않으면 위험은 없다. 그러나 때로는 환상을 현실인 것처럼 믿고서 행동하려고 한다. 이와같이 환상이 인격의 일부를 구부러지게 할 때에 노이로제가 된다.

● 노이로제 — 이것은 이성적이 아니다. 이 때문에 우리들에게 이랬으면 좋겠다고 생각하는 것을 믿으려고 한다. 더욱 나쁜 것은 위험을 무시하고, 이 노이로제를 지키고 북돋우지 않으면 안 된다고 생각한다. 드디어는 큰 돈을 쓰기도 하고, 중요한 우정을 파괴하기도 하고, 정말로 자기를 병으로 눕게 하기도 하고, 마침내는 자살까지도 한다.

● 기분에서 일어나는 병 — '정신치료학'이라고 하는 말을 들은 적이 있으리라. 이것은 정신이나 감정이 육체에 영향을 끼치는 것을 의미한다. 프로이트는 그의 환자 가운데에 아무 데도 나쁘지 않은데 맹목적이 된다거나, 그밖의 육체적 이상이 나타나는 사람이 있는 것을 발견했다.

그 결과 그는 병이란 대개의 경우 불유쾌한 현실로부터 도피하려고 하는 때에 나타난다는 것을 알았다. 어느 연구에 의해 50종류의 기관지 천식 가운데에 37종류가 주로 기분을 갖는 데 따라 일어난다고 하는 것이 실증되었다. 8개월 동안을 마비 상태에 있었던 젊은 부인은 정신 분석 요법에 의하여 열흘 만에 나았다. 소화 불량이라든가, 비대증도 기분을 갖는 데 따라서 좌우되는 경우가 많다. 신경증은 일종의 도피이다. 지나친 노동이 원인이 되어 일어난 경우도 마찬가지로 불유쾌한 현실로부터 벗어나려고 하는 방법인 경우가 있다.

그러나 이것들을 꾀병이라고 생각하는 것은 잘못이다. 물론 일이나, 학교나, 형벌을 벗어나기 위하여 병인 체하는 사람은 있다. 그러나 그렇지 않은 경우는 역시 병임에는 틀림없다.

● **정신병**— 정도의 차이는 있지만 사람들은 모두 노이로제에 걸려 있다. 그러나 어떠한 경우라도 대개는 정상이다. 그러나 정신의 병이 매우 심각하게 되어 버리면 정신병이 된다. 사람들은 그 때에 현실과는 격리되어 벌써 자기의 몸을 보살피거나, 몸 주위를 사리는 일을 할 수 없게 된다.

① 세상에서 가장 어려운 일 중의 하나는 자기를 있는 그대로 보는 것이다.

② 대부분의 사람들은 남에게 인상을 주는 것보다도 자기 자신에게 인상을 주기 위해 한층 노력한다.

③ 상대방에게 무엇이 중요한가를 안다면, 결국 어떻게 사귈 것인가의 절반을 알았다는 게 된다.

④ 우리들은 모두 자기 목표를 가지고 있다. 이 목표를 너무나 높은 곳에 정하는 것보다도 차라리 좀 낮게 정하는 것이 좋다.

⑤ 사람들은 다음 세 가지 징후에 의하여 자기 실패를 무의식중에 나타낸다.

　1. 실패할는지도 모르는 상태를 피한다.

　2. 강력한 감정적 방어의 뒤에 숨는다(가령 전연 지껄이지 않는다거나 성공은 쟁취할 가치가 없었다고 말한다거나).

  3. 구실을 만들어 자기 실패를 환경이나 다른 사람의 탓
     으로 돌린다.

⑥ 위의 수단이 어느 것도 도움이 되지 않았을 때에는 합리
  화에 호소한다. 실패를 미덕이라 설명하고, 그 이유를 생
  각하기도 한다. 또한 자기의 공로와 불안을 숨기기 위해
  속물 근성의 태도를 취한다. 어디까지나 구실을 만들어
  간다.

⑦ 합리화가 실패로 끝나면, 그들은 술이라든가 망상이라고
  하는 도피에 의존하여 드디어는 해로운 노이로제로 발전
  한다.

⑧ 이 장에 있어서 무엇보다도 중요한 것은 자기를 있는 그
  대로 보게끔 노력하라고 하는 것이다.

제4장

자기가 좋은가

언젠가 어느 가정을 방문했을 때, 그곳 여자아이에게 "너는 누가 좋지?" 하고 물었다.

그녀는 잠깐 생각하더니 "엄마와 아빠와 내가 좋아." 하고 대답했다.

내가 재미있다고 생각한 것은 '내가 좋아'하고 덧붙인 말이다. 분명히 이 아이는 훌륭한 어른이 될 것이 틀림없다.

이 사실을 좀더 생각해 보자. 앞의 장에서 두번째로 어려운 것을 설명했다.

그래서 이 장에서는 제일 어려운 것에 대해 생각해 보자. 두 번째로 어려운 것은 자기를 똑바로 보는 것이었다. 제일 어려운 것은 자기를 똑바로 보고 받아들이는 것이다.

자기를 똑바로 보고 받아들이는 것은 굉장한 이기주의로 들릴는지도 모른다. 확실히 그러한 일은 자주 있다. 자기 의견을 관철할 때, 상대방에게 괴로움을 끼치고 있는 것이다. 그것도 태연하게 하고 있는 때가 많다. 그것은 매우 위험한 것이다. 남이 무어라고 하든 '내 길을 간다'로써는 이야기가 너무나 좋다. 자기를 응시한다는 것은 자기가 나쁠 때 이를 인정하는 것이지 그러한 방자한 태도를 취하라고 하는 것은 아니다.

자기를 있는 그대로 보고 받아들이는 것은 자기 결점에도 만족하라는 것은 아니다. 자기 결점에 결코 휘말리지 말라고 하는 것이다. 우리들은 결점투성이이다. 자기보다 앞서 가는 자는 없다고 생각해도, 다른 사람 쪽이 더 나은 때도 있다. 그런 일은 그리 대단한 문제가 아니다. 실패하는 게 이상하다. 만일 당신이 큰 창피를 당했다고 하자. "좋아, 이번만은"하고 자기를 잘 보이려고 무리를 하지 않는 일이다. 창피를 당하면 또 한 번 창피를 당할 정도의 용기가 필요하다.

자기가 좋다고 말한 여자아이는 이러한 것도 말하고 있었다. "당신 때문에 화낼 일도 있겠지만 당신은 역시 좋아."

이것이 제일 중요한 것이라고 생각된다. 우리들은 자기 자신에게 화를 내고 왜 좀더 낫지 않을까 하고 생각하기도 한다. 때로는 그러한 자기를 단념해 버리고 싶어진다. 그러나 누구든 결점도 있는가 하면 장점도 있기 마련이다. 어쨌든 그러한 자기와 한평생 서로 달라붙어 살아가지 않으면 안 되는 것이다. 그러기 위해서는 자기를 존경하고 좋아하는 것이 선결 문제이다.

마치 병자가 좋아지려고 노력한다거나, 신체장애자가 장애를 극복하려고 하는 것처럼 자기를 바꾸려고 노력할 수가 있다. 그러나 자기 결점을 보고 놓치는 것은 자기를 보고 놓치는 것과도 같다. 사람은 누구나 성격 가운데 자랑으로 삼을 수 있는 면을 가지고 있다. 그것으로 충분하다. 결코 자기가 다른 사람들보다 뒤떨어진다고 생각한다거나 남에게 그처럼 생각케 하지 않을 일이다.

"당신의 장점도 결점도 알아줄 사람, 그래도 정이 떨어지지 않는 사람, 그만이 친구이다."라고 하는 격언을 들은 적이 있을 것이다. 자기가 자기에게 가장 좋은 친구일 수가 있으며, 또한 그래야 한다. 자기가 지니고 있는 그대로의 모습을 인정한다면 이후에 사귀는 모든 사람과 친구가 될 수 있다.

결점을 인정함으로써 강해진다

시카고에 있는 나의 오랜 친구 블루우스는 이것을 가르쳐주었다. 언젠가 그는 큰 실패를 했다. 그러나 그는 태연히 자기 수치를 드러내 보였다. 그러나 친구는 물론 상사와 처자도 그에게 정이 떨어져 멀리 하지는 않았다.

그는 일반 가정 취향의 부엌용품을 제조하고 있는 회사에서 약 8년 동안 일하고 있었다. 그 일을 자랑으로 삼고 있었기 때문에 일에 대한 것이나, 상사에 대해서는 아무런 불만도 없었다. 단 하나 마음에 들지 않는 것은 지금 회사에서 만들고 있는 물건을 조금 변조하여 일반 가정 뿐만 아니라, 요트나 보트에서도 쓸 수 있는 것으로 만들어 널리 팔자는 데 상사가 극구 반대했던 것이다.

"보트를 가진 사람은 점점 불어나고 있습니다."

그는 숫자를 인용해서 상사에게 역설했다.

"그들은 좋은 고객이 됩니다. 게다가 새로운 디자인으로 개조하는 것은 그렇게 곤란한 것은 아닙니다."

"현재 이미 좋은 장사가 되고 있다."

상사는 언제나 반대했다.

"보트는 우리들에게는 새로운 손님이며, 그와 같은 것을 다루려면 충분히 기간을 두고 조사하지 않으면 안 된다."

어느 날 밤 파티에서 블루우스는 보트 업계 뿐만 아니라, 부엌용품 업계에 정통하고 있는 사람을 만났다. 그는 블루우스의 새로운 제품에 대한 이야기를 듣고서 마음이 내켰다.

그 결과 블루우스는 상사의 충고도 듣지 않고 회사를 그만두어 버렸다. 그리고서는 자기 집을 저당잡히고 저금을 찾아 신제품을 제조 판매하기 위해 새로이 친구와 공동회사를 설립했다.

블루우스는 배수진을 쳤다. 친구들에게는 지금 얻으려고 하는 이익에 대해 이야기했다. 너무나 지나치게 자만한 나머지 어느 날 컨트리 클럽에서 이전 회사의 상사를 보수적이라고 한껏 욕을 퍼붓고, 가까운 장래에 그의 회사를 매수해 보이겠다고까지 말했다. 그는 그만큼 자신에 넘쳐 있었다.

그대로였다면 아마도 블루우스의 생각대로 되어갔을는지도 모른다. 사업이 막 출발하려던 직전에 그의 새로운 동업자가 모든 돈을 가지고 도망쳐 버렸다.

그의 손실은 물질적인 것만으로 머무르지 않았다. 자존심도 잃었다. 부모와 친구들로부터 바보라는 소리를 들으며 웃음거리가 되었다. 블루우스는 자신의 인생에 있어서 일대 결심을 하지 않으면 안 되었다. 몹시 타격을 받아서 재기불능이 될 것 같았다. 여러 가지 구실을 생각하여 다른 사람들이 나빴었다고 퍼뜨리고 싶기도 했다.

그러나 그는 이 중에서 어느 것도 하지 않았다. 현실을 순순히 받아들였다. 그래서 책임은 자기에게 있다고 깨달았다. '배수진을 친 것이 나빴다.'고 그는 생각했다.

"좀더 충분히 상대방을 조사하고 친구들의 충고에 귀를 기울여야 했었다."

사실을 알고서 그는 자기에 대한 중요한 결정을 내렸다.

"그와 같은 바보스런 행동을 취한 것은 나 자신이 어리석어서가 아니다. 나는 작은 잘못을 범했을 뿐이다. 그 잘못에서 교훈을 배울 수가 있었다. 또다시 같은 잘못을 범하지 않을 것이다."

그는 자기 능력을 살펴보고 남겨진 재산을 정리했다.

"나는 유능한 세일즈맨이다." 하고 그는 말했다.

"지금도 보트를 가지고 있는 사람들에게 그 제품을 판다고 하는 생각은 잘못되지 않았다. 다행히도 건강하고 아내와 아이들도 나를 사랑해 주고 있다. 거기다가 나를 아껴주고 있는 많은 친구들이 있다."

그는 사실 친구들을 잃지는 않았다. 새로이 얻은 겸손함과 그리고 자기를 보다 잘 안 후에 그는 친구들이 굉장히 따뜻함을 알았다. 친구들은 블루우스가 구실을 만들어 가지고 찾아오리라 생각했기 때문에 그를 피하고 있었다. 그러나 그가 이전과 조금도 변하지 않았으므로 친구들도 또한 똑같은 태도로 마중했다. 이것은 자기 결점을 인정하고 강해진 사람의 한 예이다.

또 한 가지 블루우스가 하지 않으면 안 되는 일이 남아 있었다. 그것은 몹시도 어렵고 싫은 일이었다. 그러나 그는 옛날

회사의 상사한테 가서 모든 것을 털어놓고 이야기했다. 그는 비하하지 않고 여전히 위엄을 갖추고 있던 상사에게 자기의 잘못을 솔직이 고백했다. 그래서 이전의 일자리이든지 만일 그 자리가 이미 차 있으면 다른 일을 시켜주도록 부탁했다.

그는 복직할 수가 있었다. 오늘날에 그는 보트용품 부장으로 자기 희망대로의 일을 하고 있다. 이것을 가능케 한 것은 자기의 잘못에 의해서 자신을 잃지 않았다는 점이다. 그는 자기를 있는 그대로 받아들였고, 그 상태 위에 성공을 구축하려고 노력했다.

다음에 자기를 있는 그대로 받아들임으로써 얻는 것과, 또한 그것이 언제나 남과 사귀어 가는 데에 어떠한 영향을 주는가 생각해 보자.

자기를 인정함으로써 얻는 것

정신적 긴장을 부드럽게 한다

유명한 정신분석학자 조지 스티븐슨은 긴장은 반드시 나쁜 것이 아니라고 지적하고 있다. 긴장이 없다면 인생의 긴급사태에 대처할 수 없으며 조금도 재미가 없다. 그러나 아무리 좋은 일이라도 도를 넘는다는 게 있다. 현대 생활을 영위하는 데에 불필요한 긴장에 직면하는 일이 있다. 정신안정제가 대량으로 사용되게끔 된 것은 이와 같은 긴장이 증가한 것을 말한다. 그러나 정신안정제보다도 훨씬 유효하고 안전한 방법은 자기를 있는 그대로 받아들이는 마음가짐을 갖는 것이다. 다음은 그

대표적 예이다.

조지는 3일 동안 진단을 받기 위해 병원에 입원했다. 그는 부정맥, 숨찬병, 위통, 만성적 피로감 따위, 가정의학서에 있는 모든 증세를 다 얘기했다. 식사도 맛이 없고, 또한 밤에는 잠을 잘 이룰 수 없으며, 틀림없이 궤양(潰瘍)이 있고, 중한 심장병으로 어쩌면 암일는지도 모른다고 얘기했다.

진단 결과 어떤 병도 아님을 알았다. 이 증상들은 정신작용에 의한 변조(變調)였다. 그를 면밀히 조사한 결과 의사는 그의 증상이 다만 한 가지 원인에 의한다는 것을 확실히 알아냈다. 조지는 자기 일이 실패할까 봐 두려워하고 있었다. 상사한테 능력이나 학력을 속이고 있었다. 그가 만든 가짜 약력 때문에 어려운 일이 맡겨져, 그 때문에 수면 시간까지 할애하여 공부하지 않으면 안 되었다. 그렇게 노력해도 일을 잘해 나갈 수가 없었다. 그것을 감당할 수 있다는 자신이 없었다. 그래서 자신이 없음을 상사에게 눈치채게 하지는 않았나 싶어서 그러한 걱정이 노이로제가 되었었다.

바보스러운 일에 마음을 쓰는 것을 멈춘 그 날로부터 그는 기분이 누그러져가는 것을 느꼈다.

"사람들에게는 할 수 있는 범위가 정해져 있다. 자기 이상으로 보이려 하는 것을 그만두어라. 긴장하지 않고 할 수 있는 일을 찾아서 그것에 전력을 다하자."

자기 결점을 숨긴다거나, 실력 이상으로 보이려고 하는 시간이나, 노력으로부터 해방되는 것은 얼마나 마음 가벼운 일일까. 자신에 대한 잘못이나 실수가 때로는 밖에 나타난다 하더라도 자존심은 상하지 않으며, 또한 마음이 가볍다.

한계나 결점을 직시할 수 있다

결점을 알지 못하면 그것을 고칠 수 없다.

나는 그 사람의 이름을 밝힐 수는 없으나 세상 사람들에게서 미움을 받는 사람을 잘 알고 있다. 그는 온갖 수단을 다해서 자기 결점을 감추려고 했다. 그는 허세가 심하며 거칠고 건방지다. 거드름을 피우고 있으나 실은 아주 하찮은 인간이며, 사기꾼 왕초 같은 인간이다. 그는 자기의 잘못을 언제나 남의 책임으로 돌린다. 그의 불완전함이 특히 나쁘다는 것이 아니다. 최근 그는 잠깐 사귄 훌륭한 여자에게 결혼을 청했다. 그녀는 그 청혼을 거절하고 그 이유를 알려주었다.

그녀는 그의 좋은 면을 지적했다(그는 관대하고, 일 잘한다는 것 등).

"당신은 모든 면에서 다 뛰어나지는 않다는 것을 인정하십시오." 하고 그녀는 말했다.

"자기를 있는 그대로 받아들여서 거기에서 출발하십시오. 그러면 당신은 훨씬 좋아질 것입니다. 당신은 그 사이에 당신이 생각하고 있는 것과 같은 인물이 될 것입니다만, 유감스럽게도 지금은 그러한 인물은 아닙니다. 자기 실수를 다른 사람의 탓으로 돌리는 것과 같은 짓은 하지 마십시오. 만일 당신이 자기 결점에 정면으로 대항한다면 사소한 결점은 문제가 안 될 것입니다."

그는 들은 바를 실행하려고 노력하고 있다. 그 여자는 아직 그 누구 하고도 결혼하지 않았다. 그에게는 아직 기회가 있다. 그는 다시 결점을 받아들이는 것이 결점을 제거하는 것임을 알기 시작했기 때문이다. 무엇이나 남의 탓이라든가, 불운의 탓으로 돌리지 않게 되었을 때, 현재의 자기로 만족할 수 있게 되어 자기를 개선하려고 할 것이다.

성공이 가능하게 된다

화가가 되고 싶다고 생각하고 있던 사람에 대한 가슴 흐뭇한 이야기가 있다. 그는 자기 그림을 유명하게 하기 위해 몇 년이고 노력했다. 자기 예술을 향상시키기 위해 온갖 수법을 다 썼다. 대가의 작품도 거의 다 연구했다. 자기의 창조적 표현을 목표로 하고 자유로이 그릴 수 있도록 노력했다. 한 장 한 장을 희망과 고뇌로써 그렸다.

그는 소년시절부터 나무조각에 뛰어났으므로 언제나 자기 그림의 액자를 자기가 만들었다. 그림이 팔리지 않는 것을 자기 스스로 위로하기 위해 복잡한 장식이 있는 액자를 조각하는 데 점점 열중하기 시작했다. 그것들은 참으로 훌륭한 예술작품이었으며, 점차로 인정받게 되었다. 그 결과 그의 그림은 팔리기 시작했다.

그러나 사람들이 그의 그림을 사는 것은 그림 때문이 아니라, 액자 때문이라는 것을 알고서 비관했다.

그는 언제까지고 슬픔에 잠겨 있지는 않았다.

"나는 화가로서 보다도 나무조각가로서가 훨씬 더 우수하다. 나무조각을 하는 것도 그림을 그리는 것만큼이나 나한테 즐겁다. 나는 화가로서는 대단하지 못하다 할지라도 나무조각에선 훌륭한 일이 가능할는지도 모른다."

그날부터 그는 나무조각에만 전념했다. 그래서 이름을 널리 떨치고 점차 성공해 갔다. 여기에서 중요한 것이란 그가 성공

한 것은 자기가 가장 잘할 수 있다고 생각한 것을 했기 때문
이다. 자기 능력 이상의 것을 하려고 하는 사람은 실패와 실망
을 맛볼 뿐이다. 자기를 있는 그대로 받아들이면 가능성이 있
는 것을 향해 노력하게 된다.

중요한 것에 시간과 노력을 바치게 된다

에드가는 그가 살고 있었던 코네티컷 주의 동네 명사와 친하
게 교제하고 싶었다. 돈을 가지고 있지 않았으나 가지고 있는
체했다. 친구라고 생각하는 그 친구들을 위해 때때로 파티를
화려하게 열었다. 결국 에드가 부처는 거의 마시지도 먹지도
못하는 상태가 되었다. 겨울 코트가 닳아서 떨어져 버렸어도
새것을 사지 않았다. 외투를 입고 얼어 죽을 지경이 되어도 북
극의 곰처럼 추운 것은 아무렇지도 않다는 듯한 태연한 모습을
했다. 이처럼 참고 견디는 것은 아내를 위해 특가로 산 밍크코
트 월부금을 지불하기 때문이었다.

그러나 드디어 진상이 드러나 버렸다. 폭로한 사람은 식품점
주인이었다. 에드가는 그 식품점에 외상을 지고 있었다. 에드
가와 그 아내가 산 것은 값싼 햄버거 스테이크와 쌀과 통조림
수프고, 값비싼 것을 사는 것은 파티를 열 때만이란 것이 알려
졌다. 게다가 에드가가 많은 돈을 빌려 쓰고 있던 실내 장식 장
수가 값비싼 가구가 있는 것은 2층의 방 하나만이라고 떠벌
렸다.

이러한 소문이 쫙 퍼진 어느 날 밤 파티에서였다. 에드가를
그렇게 탐탁하게 생각지 않던 한 사람이 알코올의 힘을 빌어서

에드가를 조소하고, 그가 하는 짓을 바보나 얼간이 짓이라고 비난했다.

에드가는 이에 대해 변명할 수도 있었으나, 그렇게 하지 않았다. 뒤에 천천히 생각해 보니 술취했던 사나이가 말한 것이 과연 옳았음을 깨달았다.

그는 자기가 결심한 바를 단호히 아내에게 털어놓고 이야기했다.

"이젠 이런 일은 하지 맙시다. 돈을 들일 가치가 없소. 좀더 싼 집으로 이사를 하고, 차를 더 오래 쓰게 하고, 새 친구들을 가집시다.…… 있는 그대로로 사귀고 사양할 필요가 없는 친구들을 사귑시다."

아내도 똑같은 의견이었다. 오랫동안의 겉치레만의 생활에 이젠 진저리가 났기 때문이다.

그들은 자기들의 수입 범위내에서 생활을 하기 시작했다. 그 결과 더없이 행복해졌다.

에드가는 뒤에 이렇게 말했다.

"언제나 생활이 궁핍하고 마음이 불안했던 이유는 우리들이 분수 이상으로 보이려고 했기 때문입니다. 그런 짓을 그만둔 지금은 참다운 우정을 기르기도 하고, 책을 읽기도 하고, 또한 참으로 우리들이 바라고 있는 것을 할 수도 있습니다. 나는 일에 열중하고 있습니다. 만일 지금이라면, 내가 마음만 먹는다면 부유층 사람들과 함께 교제할 수 있을는지도 모르겠습니다만, 그렇게 하려고는 생각지 않습니다. 우리들을 있는 그대로 받아들인 결과, 그들과 다르다는 것을 알았습니다."

결국 자기를 있는 그대로 받아들이면 다른 사람과 사귀기 쉽게 된다.

자기가 '어렵다'고 생각하는 것은 다른 사람도 '어렵다'는 것이다. 자기를 받아들이면, 자기 실수를 다른 사람의 탓으로 돌리지 않게 된다. 이젠 화를 낸다거나 실패가 폭로되지나 않을까 하고 두려워하거나 할 필요가 전혀 없다.

에드가의 예가 좋은 본보기이다. 그가 자기를 있는 그대로 받아들이는 것을 배웠을 때의 부산물은 옛날 친구들이 정말로 그에게 가깝게 되었다는 것이다.

세상에는 지배욕이 강한 사람이 있다. 한 가지 이유는 자기가 강한 인간이란 것을 증명하기 위해서고, 또 하나는 자기가 얼마나 약한 인간인가를 다른 사람에게 눈치채이지 않기 위해서이다.

사람을 지배하려고 하면 반드시 반감을 산다. 자기를 받아들이고 자기 약점을 숨길 수 없게 되면 사람들에게 미움을 사면서까지 위세를 떨치려고는 생각지 않는다. 그러면 곧바로 사람들과 잘 사귈 수 있게 된다.

마지막에 자기 한계를 알고 자기 이상으로 과장하지만 않는다면, 다른 사람의 한계를 더욱 친절한 눈으로 보며, 사람들이 구실을 만들려고 하는 동기에 동정하고, 더욱 친절한 감정을 품게 될 것이다. 그들도 이와 같은 태도의 변화를 알아채고 똑같은 대답을 줄 것이다. 또한 더욱 많은 친구들이 생기고 동시에 대인 관계도 좋아질 것이다.

자기를 용인하는 방법

지금까지 자기 속의 불합리를 제거함으로써 무엇을 얻을 수 있는가에 대해 생각해 왔다. 여기에서 자기를 그대로 받아들이는 방법에 대해 생각해 보자.

첫째 방법 ― **자기를 직시하라**

육체적으로 한도가 있는 것처럼 감정이나 정신 생활에도 한도가 있다. 누구나 때에 따라서는 이기적으로도 되고 선입관을 가지며, 도덕적 한계를 가진다. 이 사실을 인정하지 않으면 혼란이 일어난다.

사람들은 잘못된 판단을 하지 않을까? 언제나 이성적이며 공정한 것인가? 만일 난점을 인정하고, 그것을 부끄러워하지 않고 받아들인다면, 다른 사람과 사귀는 데 있어서 커다란 장해를 일단 통과한 셈이 된다.

둘째 방법 ― **적이 말하는 것에 귀를 기울여라**

유명한 뮤지컬 스타인 메리 마아친은 중학 1학년 시절의 추억을 다음과 같이 말하고 있다.

"같은 클래스에 마치 '내 결점을 찾아내기 위해 이 세상에 태어난 것과 같은' 한 소녀가 있었다. 분노가 치밀어 나는 아빠한테 그 사실을 애기했다.

아빠는 동정한다거나 성낸다거나 하지 않고, 이 심술 궂은 소녀가 말한 것이 얼마만큼 정말인가를 나에게 물었다. 그 다음에 아버지는 인생에 있어서 제일 중요한 것 중의 하나는 자기 본연의 모습을 발견하는 것이라고 말했다."

그 가장 좋은 방법은 자기의 적이 하는 말에 귀를 기울이는 것이다. 그들이 말하는 것을 모두 믿지 않아도 좋다. 그러나 어느 부분이 정말이고, 어느 부분을 무시해도 좋은가를 검토해야 한다. 그리고 또한 정말이건 거짓이건, 다른 사람이 어떻게 생각하고 있는가를 알지 못하면 안 된다. 성공하기 위한 한 가지 법칙은 적의 도움을 얻는 것이다.

다른 사람에게 비난을 받는다거나 공격을 받는다거나 하면 그저 맹목적으로 자기를 변호하는 것만으로는 안 된다. 그 비난이나 공격의 얼마만큼이 정당한가를 자기에게 물어 거기에 따라서 교훈을 배울 일이다. 친구는 가장 좋은 도움이 되나, 적이라 할지라도 무언가 좋은 점을 가지고 있는 법이다. 선입관을 가진다거나 한쪽으로 치우친다거나 해도 냉정히 귀를 기울이면 적이라 할지라도 생각지 않는 일을 가르쳐준다.

적은 사람들과 사귀는 데 있어서 도움이 된다.

셋째 방법 ― 감정을 무리하게 억누르지 마라

억제할 수 있는 정도로 충분하다. 어떤 사람은 자기 감정을 어떠한 판단을 내릴 경우에 쓸 것인가를 알고 있다. 판단은 모두 이성이 행하는 것이라고 들은 적이 있을 것이다. 그러나 전연 기뻐하지 않는다거나, 화내지 않는다거나, 사랑이나 희망을 표현할 수 없는 사람은 정상적인 사람이 아니다.

모세가 산에서 내려와서 이스라엘의 아이들이 황금으로 만든 우상인 송아지한테 예배하는 것을 보았을 때, 십계명(十誡命)이 씌어진 돌 평판을 부순 것이라든지, 예수가 고리대금업자를 사원에서 내쫓았던 일을 기억하고 있을 것이다. 노여움은 행동의 자극제이다. 따라서 맹렬한 감정의 뒷받침이 없이는 사회도 결국에는 진보하지 못한다.

감정은 적당히 억누르지 않으면 안 되지만, 억누르지 않는 편이 보다 더욱 효과적으로 그 문제를 볼 수가 있다. 그러므로 자기나 다른 사람을 볼 때에 감정을 품는 것을 두려워해서는 안 된다. 그와 같이 함으로써 사람들과 더욱 잘 사귈 수가 있다. 왜냐하면 사람들도 또한 억눌리고 싶지 않은 감정을 가지고 있기 때문이다. 자기가 감정을 표현함으로써 다른 사람도 안심하고 감정을 표현할 수가 있다.

넷째 방법 ─ 자기를 계속 탐구하라

나는 언제나 이것을 하라고 말하는 것은 아니다. 자기 결점만을 찾고 있으면 우울증 환자라도 되고 만다. 병적으로 되지 않을 정도로 때때로 평가하고, 맹목적이었던 점을 찾아내게끔 노력하라는 것이다. 종종 정기적으로 자기를 반성할 일이다.

그렇게 하면 자기를 받아들이고, 또한 사람과 사귀는 기술이 어느 정도 나아졌는가를 알 수 있다. 마치 신체 정기 검진을 받는 것처럼 도덕이나 감정의 검사를 할 수 있다. 요즈음 정신 분석이나 인생 상담을 하러 가는 사람이 늘어난다. 납득이 갈 때까지 진찰을 받는다. 자기 통찰은 평생에 한 번 하는 것만으로 되는 게 아니다. 오히려 그것은 끊임없이 계속해야 하는 것이다.

모든 인생에게 의미가 있다

다른 사람과 사귀기 전에 자기 자신과 사귀는 것을 배웠으므로 이번에는 모든 사람들과 잘 사귈 수 있는 방법을 연구해 보

자. 나는 사람들과 사귀는 비결은 그들로부터 무엇을 기대할 수 있는가를 아는 것이라고 말했다.

그러나 그 전에 어째서 그들이 설명하기 어려운 행동을 하는 가를 알 필요가 있다. 그리고 우선—만일 배후에 있는 진상을 안다면—어떠한 인생에게도 그나름의 의미가 있다는 것을 생각해 보자. 사람들에 대한 진상은 표면적으로 보이는 것과 큰 차가 있는 법이다. 그래서 제3부에서 이 이상하고 때로는 이유를 알 수 없는 인격 구성, 어째서 사람들은 그처럼 행동하는가에 대해 생각해 보기로 한다.

가장 어려운 것은 자기를 본연 그대로 용인하는 것이다. 자기가 하는 모든 것을 좋아하지 않는다 해도 언제나 자기를 용인하는 게 필요하다. 그러면 다른 사람들과 잘 사귈 수 있을 뿐만 아니라 다시 네 가지 득이 있다.

① 신경의 긴장이 완화된다.
② 한계와 결점을 향해서 돌진할 수 있다.
③ 참다운 성공이 가능해진다.
④ 시간과 노력이 헛되지 않는다.

다음은 자기를 받아들이는 네 가지 방법이다.
① 당황하거나 부끄러워하지 않고, 자기 욕구와 한계를 인정

하는 일.

② 친구한테서 뿐만 아니라, 적으로부터도 도움을 얻는 일.

③ 자기 판단에서 감정을 몰아내지 않을 일.

④ 자기를 계속해서 탐구할 일. 우울증에 걸리지 않고 정기적으로 평가하여 맹점을 찾는 일.

제3부

인간성에 대해서
알아두어야 할 일

인간이란 지구상에서
가장 복잡하고 흥미로운 동물이다.
사람은 지적(知的)으로 고르지 못한 것처럼
도덕적으로도 고르지 못하다.

제5장

인생 목표와 인간 관계

　나와 같은 일을 하고 있노라면, 인간성의 연구나 정신병학, 사회 심리학에 관한 책을 읽을 필요가 생긴다. 그 중에서도 사람들을 이해하기 위해서 '자기 개념'의 중요성에 관한 토론에 이따금 참가한다. 이 말은 어떠한 의미인가? 간단히 말하면 사람들이 자기 자신을 보는 방법이다. 학자들은 사람을 아는 제일 좋은 방법은 그 사람이 자기 자신을 어떻게 생각하고 있는가? 어떤 인간이 되기를 바라고 있는가를 아는 것이라고 말하고 있다. 어떠한 이해할 수 없는 행위일지라도 자기 자신을 어떻게 보고 있는가, 무엇이 되고 싶다고 생각하는가에 따라서 의미가 있게 된다.

진상을 알면 어떤 인생에게도 의미가 있다

어느 여름의 한밤중 미국 중서부의 시가지 한가운데서 사람들은 난데없는 총성—세 발이 한 번 있었고, 그에 응전하는가 싶게 몇 발—에 눈을 떴다.

현장에는 한 사나이가 인도에 넘어져 있었다. 경찰관 한 사람이 손에 권총을 쥐고 시체 곁에 서 있었다.

총성을 듣고 모여든 사람 가운데 YMCA의 비서로 그 경찰관을 잘 알고 있는 사람이 있었다.

"어찌된 일이오. 찰리!"

"야아, 프랭크. 이 녀석이 나이트 그릴의 레지스터의 노인을 때려 눕히고 뛰쳐나왔단 말이야. 내가 거기 서라고 소리치자 세 발을 쏘기에 응사했었지."

프랭크가 너무 오랫동안 죽은 사람의 얼굴을 들여다보고 있었으므로 경찰관은 그에게 물었다.

"자네가 아는 사낸가?"

프랭크는 일어서서,

"잭 헤일이야."라고 말했다.

"석 달쯤 전에 교도소를 나온 카알리 헤일인가?"

"그래."

"그럼 자넨 그를 잘 알고 있는가?"

"형제처럼 알고 있지. 같은 웨스트 10번가에서 자랐고, 같은 학교에 다녔어. 학년도 같았지. 중학 3학년 때, 카알리는 중퇴해 버렸다네."

그런데 이 얘기는 우리들의 주목을 끌만 했다. 도대체 어째서 이와같이 다른 두 사람의 인간이 같은 동네에서 나올 수 있단 말인가. 프랭크 웨이트는 성격 교정소의 훈련원이며 이 지역의 유명한 지도자이다. 그에 반해서 카알리 헤일은 악의 길에 발을 들여놓은 결과, 거리 인도에서 하나밖에 없는 목숨을 잃는 신세가 되었다.

그러나 그들의 진상을 안다면, 이 두 사람의 성격 차이도 그러리라고 긍정할 것이다. 카알리도, 프랭크도, 다 함께 자기를 존중하는 자아 욕구를 갖고 있었다. 그러나 그들의 가치 판단은 달랐다. 이래서 그들 두 사람이 각기 다른 목표를 정하고, 각기 다른 인생을 보냈던 것이다.

카알리와 프랭크는 같은 빈민가에서 자랐다. 그 빈민가에 형기가 끝나고 나와서 방황하던 3류 깡패 킬러 스엔이라고 하는 사나이가 있었다. 킬러는 큰 소리로 이야기하고, 별나게 눈에 띄는 현란한 옷을 입고, 권총을 지니고 돈에 구애를 받지 않는 것처럼 보였다.

여덟 살 때에 카알리는 킬러에게 심취했다. 카알리의 아버지는 종종 그를 때렸으며, 어머니는 언제나 귀찮게 잔소리를 해 댔다. 선생들은 그를 무시하고, 그를 벌했다. 킬러에 대한 것을 알고 난 뒤 그는 생각했다.

'킬러와 같은 인간이 되고 싶다. 킬러라면 아버지한테 맞거나 하지는 않겠지. 그러면 선생도 손가락 하나 까닥하지 않을 것이고, 어머니가 고래고래 고함을 지른다 해도 그는 조용히 하라고 큰 소리 칠 것이다. 그는 먹고 싶은 것을 먹을 수 있고, 갖고 싶은 것을 살 수 있는 돈을 가지고 있다. 그와 같은 생애를 보내고 싶다.'

카알리는 인생 목표가 확실해지자, 그에 적합한 행동을 하게 되었다. 영화에 나오는 갱은 담배를 물고 입술을 거의 움직이지 않은 채 낮은 목소리로 지껄인다. 그래서 카알리도 그처럼 이야기하는 수법을 따르게 되었다. 이윽고 그는 상점에서 물건을 훔쳤다. 때로는 잡힌 적도 있었으나, 아직 소년이라는 정상을 참작하여 기껏해야 뺨을 맞는 정도로써 금방 석방되었다.

나이가 들어감에 따라서 그렇게 간단하게는 석방되지 않았다. 열세 살 때에 소년원에 끌려가 2년을 지냈다. 거기에서는 더욱 나쁜 짓을 많이 배운 뒤 석방되자, 곧장 어느 갱단의 새 식구가 되었다. 그 갱단은 사람을 배후에서 습격하여 목을 조르고 물건을 뺏거나, 지갑을 훔치거나, 때로는 조그마한 상점에 도둑질하러 들어가는 것을 전문으로 하고 있었다. 그 뒤 수년 동안에 그는 몇 번 붙잡혔다. 열아홉 살 때에 어느 상점에 강도로 들어가 잡혀서 7년간의 징역을 받았다.

주립 교도소에 끌려들어가, 그곳 상습범으로부터 더욱 새로운 수법을 배우고 그곳에서 석방되자, 이번만은 소년시절의 야심을 실현시키려고 생각했다. 그는 갱단을 만들어 근처 상인들을 뜯어먹고, 힘을 양성하여 점점 세력권을 넓혀가려고 계획했다. 자기가 점점 유복해지고, 단원도 늘어나며, 세력권을 폭력으로 지배하여 모두가 두려워하는 인물이 되기를 꿈꾸었다.

결국 그의 꿈은 실현되지 않았다. 올나이트의 레스토랑에 강도로 들어갔을 때, 그는 경찰관에게 현장을 들켰다. 만일 잡힌다면 먼저 보다도 더욱 장기 징역을 살아야 하고, 그의 대계획은 영원히 실현되지 못한 채 끝날는지도 모른다고 생각했다. 그래서 그는 결심하고 경찰관을 겨누어 발포했다. 그 결과 인도 위의 시체로 되어 버린 것이다.

카알리의 소년시절의 친구였던 프랭크 웨이트는 다른 생애를 보냈다. 그도 소년시절부터 자기가 무엇이 되고 싶은가를 생각하고 있었다. 프랭크도 또한 희망이 없는 빈민가에서 매맞기도 하고 걷어채이기도 했다. 이따금 굶주림과 추위에 고생했으며, 그러한 환경에서 벗어나려고 단단히 결심했다. 그러나 그는 다른 탈출방법을 선택했다.

그는 학교 선생이 되고 싶다고 생각했다. 선생 쪽이 주위 사람들보다 유복했다. 선생들은 복장도 말쑥했고, 조용한 동네에 살고 있었다. 그들은 갱만큼 부자는 아니었으나, 그 외에 더욱 중요한 것을 가지고 있었다. 경찰관을 보더라도 숨어다닐 필요는 없었다. 선생은 호의와 존경으로 대접을 받았다. 한꺼번에 큰돈을 얻는다 할지라도 반생을 감옥에서 지낸다거나 발견되지 않도록 생쥐처럼 숨어 있지 않으면 안 된다고 한다면 도대체 무엇이란 말인가. 어쨌든 갱은 존경받는 훌륭한 사람과는 교제할 수 없다. 프랭크가 '존경받게' 되는 데는 몇 년이고 걸렸으나, 이 말이 그의 인생의 제일 목표로 되어 있었음은 의심할 여지가 없다.

안전과 존경으로 가득 찬 매력적인 세상에 프랭크가 접한 것은 선생을 통해서만은 아니었다. 그는 열 살이 될 때까지 그가 살고 있는 지역의 사회사업을 거들어주었다. 거기에서도 그는 경제적으로 안정되고 옷차림도 훌륭했으며, 경찰관을 친구로 한 '존경받는' 지도자들과 만났다. 그는 본고장의 교회에 나가 정기적으로 예배에 참석했다. 교회도 그가 소속하고 싶다고 원했던 존경받는 세계였다.

그가 가장 영향을 받은 것은 열세 살 때에 만났던 YMCA의 비서였다. 그는 프랭크가 이상으로 했던 것과 같은 청년이었으며, 프랭크 생활의 모범이 되었다.

카알리의 경우와 같이 이상으로 삼고 있던 인물은 그의 행동에 커다란 영향을 주었다. 만일 존경받는 인물이 되고 싶다고 생각했다면, 존경받고 있는 사람이 하는 것과 같이 행동하지 않으면 안 된다. 프랭크는 침착하고 예의 바르게 했다. 학교 공부도 잘했다. 어쨌든 아담한 학교였으므로 선생들이 그를 호의적인 눈으로 보고, 그의 뜻을 조장해 주려고 생각한 것은 당연한 일이었다.

다른 학생들은 그를 비웃고, '선생님한테 귀염받는다.'고 야유했다. 그는 아무리 비웃음을 당해도, 야유을 받아도, 자기가 되고 싶다고 희망하는 사람들의 집단의 호의를 얻으려고 노력했다.

의식적이었든, 무의식적이었든, 그는 존경을 받고 있는 사람들이 하는 것을 흉내냈다. 존경을 받고 있는 사람들은 옷차림도 청결히 하고 있었으므로 자기도 그렇게 했다. 그들은 바른 말을 쓰는 법이나 문법을 중시했으므로 자기도 공부했다. 존경받는 사람에게는 교육이 필요하다고 생각하여 그가 우상으로 삼고 있던 비서가 나왔다는 대학에 들어갔다. 그의 노력에도 불구하고 또한 빈민가에서 얻은 버릇이 남아 대학의 초년생인 1·2년간은 마음을 잡지 못하고 행동이 거칠었다. 그러나 교수들은 그의 나쁜 버릇을 고치려고 무던히도 노력했다. 졸업할 때에는 그의 에티켓도 어느 정도 궤도에 올랐다.

인생 목표는 그 사람됨을 나타낸다

사람들에 대해서 알고 싶다고 생각한다면, 우선 그 사람의 목표가 무엇인가를 알 일이다. 그 사람이 말하고 있는 목표가 아니라, 그 사람이 걷고 있는 목표 말이다. 카알리와 프랭크의 경우, 그들의 소년시절의 목표가 무엇이었는가를 아는 데 따라서 두 사람이 어떠한 인간이 될 것인가를 미리 예상할 수 있었던 것이다.

목표는 양친의 기대, 집단의 압력, 사회의 영향력, 개인의 경험이나 판단 따위 여러 가지 요소에 의해서 결정된다. 다른 장에서 이것들이 사람의 성격에 어떠한 영향을 끼치는가를 생각하기로 하고, 여기에서는 카알리와 프랭크도 예외는 아니었다는 것을 알아주었으면 한다. 기준이나 이상은 주로 목표에서 생긴다. 그리고 그 사람이 어떠한 인물인가는 그 사람이 자기를 위해 정해 놓은 목표에 의해서 결정된다.

목표는 그 성질과 규율에 있어서 다르다. 최고의 지위가 아니면 어떠한 것에도 만족하지 않겠다고 하는 사람이 가끔 있다. 이런 사람은 목적을 위해서는 수단을 가리지 않겠다는 사람으로서 경계하지 않으면 안 된다. 그러나 대부분의 사람은 적당한 정도로써 만족하고 있다. 다만 우는 소리를 한다거나, 꿈을 꾼다거나, 때로는 음모를 꾸미거나 하는 사람도 많다. 인류에게 무언가 도움을 주고 싶다고 생각하고 있는 사람은 아주 극소수이나 있긴 있다. 그러나 아무리 정당하다고 해도, 아무리 엉뚱하다고 해도, 또한 아무리 높아도, 낮아도 사람을 알기 위해서는 그 사람의 목표를 알지 않으면 안 되는 것이다.

성공과 만족

그럼 사람의 목표를 어떻게 하여 발견할 것인가? 거기에는 그 사람을 관찰하는 것, 그 사람에게 물어보는 것, 그리고 특히 그 사람이 목표를 추구해 가는 현장에서 무엇에 만족하고 어떠한 성공을 쟁취했는가를 아는 것이다.

인간 관계의 문제점의 하나는 사람들은 모두 언제까지나 같은 곳에 가만히 있지 않다는 점이다. 풍채 좋은 야심적인 사람을 채용하려고 한다. 처음에는 잘하지만 결국은 성공하지 못한다. 혹은 또 자기 자신에게 실망하는 일이 있을는지도 모른다. 수년 전에 갖고 있었던 흥미와 투지를 잃어버리게 되었는지도 모른다. 다음에 그러한 몇 가지 예를 생각해 보자.

사람들은 왜 목표를 변경시키는가

왜냐하면 모든 사람들이 목표를 달성하는 데에 필요한 자질을 가지고 있다고는 말할 수 없기 때문이다. 시작할 때까지에는 용이하게 보이는 것이 있다. 가령 미술관의 그림을 보고, 자기도 똑같이 그릴 수 있다고 생각하는 일이 있다. 그러나 실제로 조금 해보면 대부분의 사람들은 자기로서는 도저히 할 수 있을 것 같지 않다는 것을 마음에 깨닫는다.

그들에게는 인내가 부족하다. 성공한 사람의 거의 대부분은 보통 사람들이 즐기고 있는 동안에 몇 년간이고 지루한 노력을 해왔었다. 성공할 때까지 몇 번이고 실패했으나, 그 때마다 출발점으로 돌아가 다시 했었다. 많은 사람들이 재능은 가지고 있으면서 마지막까지 완수하려고 하지는 않는다.

어째서 사람들은 목표를 바꾸지 않는가

조금은 뽐낼 수가 있게 되고, 만족감을 맛보았던 것은 오래 계속된다.

네 아이가 있는 어느 가정에서 제각기 아이들이 여섯 살 때부터 피아노를 배우기 시작했다. 세 아이는 실력이 그리 진척되지 않아 중도에서 그만두어 버렸다. 넷째 아이는 매일 일정하게 연습을 계속하여 드디어는 훌륭한 피아니스트가 되었다. 어째서일까? 그것은 이 아이가 이 분야의 재능을 가지고 있어 누구보다도 빨리 피아노를 치는 것에 만족감을 느껴 다른 사람한테서 칭찬을 받을 만큼 숙달되었기 때문이다.

다음에 사기나 속임수를 상습으로 하고 있는 사람의 일을 생각해 보자. 젊었을 때부터 그는 사기나 속임수에 의해서 자기가 필요로 하는 것을 얻어왔다. 그는 선천적인 재능을 연습에 의해서 단련하고, 드디어 고도의 기술을 습득했다. 그는 자기 자신의 과거의 나쁜 행동을 고백하고 갱생의 기회를 부여해 달라고 말해 놓고서도 사람을 속이는 방법까지도 궁리해 냈다. 이미 지금에 와서는 정직하게 살면서 성공하는 방법을 모른다. 그러므로 그는 그같은 짓을 되풀이해서 한다.

또한 남을 속이거나 남의 동정에 호소해서 자기가 필요로 하는 것을 얻어내는 방법을 알았던 사람이 있다. 그런 사람은 아이 때에 운다거나, 화를 낸다거나 하는 것으로 그것을 배웠다. 나이를 먹고 경험을 쌓아감에 따라서 그 솜씨도 숙련되었다. 지금은 남을 속인다거나, 감언으로 달랜다거나 하여 남과 사귀고 있다.

이와 같은 사람은 벌써 남과 사귀려 하지 않는다. 그들은 자기 감정을 기쁘게 하는 데만 흥미를 가지고 있다. 자기들의 실패를 다른 사람의 탓으로 돌린다거나, 실패나 비행을 정당화하기 위해서 구실을 만든다거나 해서 본연의 자기 이상으로 보여주려고 하고 있다. 자기나 남에게 정직해야 한다는 것 따위는 그들에게 있어선 거의 생각할 수조차 없으며, 또한 그렇게 한다 할지라도 매우 고생이 된다. 그래서 그들은 계속해서 자기를 속이고 있다.

턱없이 엉뚱한 행동의 동기

어떠한 사람이라도 성공과 실패, 만족과 실망을 되풀이하고 있다.

술주정뱅이로 무책임한 아버지에 의해서 길러진 아이가 보육원에 들어왔다. 아버지는 아주 귀찮아서 그 아이를 핫도그와 콜라만으로써 기르고 있었기 때문에 보모가 다른 것을 주려고 해도 아이는 먹지 않았다. 몇 년 동안을 아이의 식욕은 단 한 가지 방법으로 채워졌던 것이다. 즉 핫도그와 콜라 이외의 것은 먹을 수 없다고 믿고 있었기 때문이다.

사람들의 불합리하고 악덕에 가까운 행위는 자기 마음의 밑바닥에 있는 감정적 욕구를 만족시키려고 하는 노력인지도 모른다. 이것은 특히 자기를 용인하는 욕구에 대해서 말할 수 있다. 위선적인 태도로 자아를 지키려는 사람을 만나는 일이 있을 것이다. 이 경우 가짜인 인격상에 대한 어떠한 위협도 그의 전 인격에 대한 위협으로써 반발된다. 이와 같은 사람은 다른 사람이나 자기에게 있어서 결과야 어떻든, 보통이 아닌 방법으로 행동치 않고서는 견딜 수 없다. 다음은 그 예이다.

양심을 감추어 버리자면 두 가지의 방법이 있다. 하나는 외부적인 방법인데, 양심이 가리키는 방향에서부터 눈을 감아 버리는 것이다. 또 하나는 내부적인 것으로서, 양심 자체를 말살해 버리는 것이다. ―톨스토이―

자기 표현의 징후

남을 지배하고 싶은 욕구

언제나 남을 지배하고 싶다고 생각하고 있는 사람이 있다. 남의 아첨만이 그들의 자아를 만족시킨다. 그들은 자기 일 뿐만 아니라, 만일 자기가 권력의 지위에 있게 되면 사람들은 무엇을 기대할 수 있는가를 말한다. 어느 산업 조사에 의하면, 사람을 쓰고 있는 지배인이나 반장은 자기 일을 잘 해내는 능력에 대해 자신을 잃고 있으며, 그 결과 생산성은 저하한다. 또한 다른 조사에 의하면, 사람들은 사회 집단을 파괴하거나 그렇지 않는다 해도 무엇이나 '예'하고 말하며 듣는 사람 이외는 모두 내쫓아 버리는 경향이 있음을 알았다. 남을 지배하고 싶다는 욕구는 주의하지 않으면 안 될 징후이다.

위신을 유지하기 위해 어떠한 희생도 꺼리지 않는다

식비를 절약해서까지 수입 이상의 생활을 하고 싶다거나, 경멸하는 사람과 사귀기 위해 좋은 친구와 절교하는 사람이 있다. 요컨대 위신을 유지하기 위해서라면 어떠한 희생도 꺼려하지 않는다. 그것은 어째서 그럴까? 이것이 그들이 배운 자아욕을 만족시키는 방법이기 때문이다.

특별한 목표를 달성하고 싶어한다

인간의 자아욕이란 때로는 매우 강해져서 자기는 대학의 사교 단체를 결성하지 않으면 안 된다고 생각하기도 하고, 연극의 주역을 맡지 않으면 안 된다고 생각하기도 하고, 특정한 직책을 얻거나 승진을 하지 않으면 안 된다고 생각하기도 하고, 어느 일정액의 수입을 얻지 않으면 안 된다고 생각하기도 한다. 목표를 달성하는 데 실패하면 인생은 이미 살아갈 가치가 없는 것이라고 느낀다. 극단적인 경우는 자살까지도 하는 경우가 있다.

언제나 이기지 않으면 안 된다고 생각한다

트럼프 놀이든, 스포츠든, 연애든, 장사든 언제나 이기지 않으면 납득할 수 없는 사람이 있다. 그들은 그러기 위해서는 어떠한 일이라도 한다. 만일 질 경우, 발칵 화를 내고 일어나 가버리기만 한다면 그다지 감당하기 어렵지 않은 일인데, 승자한테 위해를 입히기도 하고, 모든 것을 엉망진창으로 만들어 버리기도 한다.

그러나 자기의 자아욕을 만족시키는 것이 나쁜 것만이라고는 말할 수 없다. 자아욕은 매우 좋아 보이는 행위에 연결지워지는 경우가 있다. 다음에 두세 가지 예를 들어보자.

비판이나 반대를 받아들인다

어느 부류의 사람은 토론이나 좋은 의미에서의 논쟁을 좋아한다. 자기에게 잘못이 없다는 것을 알고 있으며, 자기가 성장하는 수단으로써 비판받는 것을 환영한다. 남을 지배하는 것도 남한테 지배를 받는 것도 좋아하지 않고 자유로운 사람과 자유로이 교제하는 것에 만족한다.

이 부류의 사람에게는 많은 장점이 있다. 산업계의 지도자들은 진보와 성장을 위해서는 어느 정도의 마음은 필요하다고 느끼고 있다. 하버드 대학에서 행해진 연구로 싸움은 우정에 있어서 필요한 것이란 게 증명되어 있다. 이 점은 심리학자도 같은 의견이다. 어느 환경 아래에서는 싸움은 성격을 강하게 하고, 인생에 있어서 매우 소중하고 필요한 타협의 기술을 가르친다.

명예와 성실의 기준을 가지고 있다

어떤 사람은 속인다거나 거짓을 행하는 것을 싫어한다. 이런 부류의 사람은 법률상으로는 필요가 없을지라도 빚진 돈은 한 푼도 남기지 않고 갚는 사람이다. 신용을 잃은 것보다는 차라리 어떠한 개인적 손실이라도 감수한다. 이것을 알아두는 것은 유익한 일이다.

남의 일을 염려한다

정직한 사람, 친절한 사람이란 언제나 무언가 이기적인 목적이 따로 있을 것이라고 의심하는 것은 잘못이다. 남을 도와줌으로써 참다운 만족을 얻으려고 하는 사람은 매우 많다. 이유라고 한다면 그들의 자아나 욕구가 남의 행복에 밀접하게 연결되어 있으므로 남을 도와줌으로써 참다운 만족을 찾아내는 것이다.

사람들에 대해서 알아두어야 할 일

도덕률

사람들의 도덕률은 자기에 대한 개념, 자기 수용(自己受容)을 위하여 구하는 만족의 종류에 따라서 결정된다.

우선 맨 처음에 모든 사람들이 도덕률을 가지고 있다는 것을 모르면 안 된다. 예를 들면, 유명한 범죄학자 E. H. 스더란드 박사는 범죄자들 사이에도 매우 엄격한 규범이 있다는 것을 발견했다. 이 규범은 보통 사람의 것과는 매우 다르기는 하나, 그들 사이에서는 매우 엄격하게 지켜지고 있고, 서로를 도우려고 하여 감방에 있는 동료의 가족까지도 돕는다.

정직한 사람이 부정직하게 되는 확률은 도덕 기준 뿐만 아니라, 마음속에 있는 압력에 의해서 결정된다. 만일 돈으로 만족하는 사람이라면, 충분한 돈을 얻을 수가 없을 경우, 유혹에 지고 말 것이다. 정직한 은행의 출납계원이 유혹에 져서 사고를 내는 경우가 이에 해당된다. 그러나 만일 명예를 중히 여기는 사람이라면 이 내부 압력은 올바른 방향으로 움직일 것이다.

자아욕

사람들이 남을 다루는 방법은 자아욕을 만족시키는 방법에 커다란 영향을 받는다.

남을 지배함으로써만 이 자존심을 만족시킬 수 있는 사람은 결혼 생활을 파괴하고, 아이들을 불량화시킬 가능성이 있다.

상사에 대해서 계략을 세우고, 모든 곳에서 증오와 불화를 일으켜 남을 끌어 떨어뜨려서라도 자기가 앞으로 나아가려고 한다. 또한 남을 돕고, 남이 뻗어나가는 것을 기뻐하는 사람은 우호적이고 협력적이어서 안심하고 신뢰할 수 있는 사람이다.

애정

한 사람의 참다운 힘과 안전은 그 사람의 동포들의 신뢰와 존경에 의하여 뒷받침되고 있다.

남을 지게 하거나, 끌어 잡아당겨 떨어뜨리거나 해서 앞으로 나아가려고 하는 사람은 명령에 따르는 부하를 가지고 있는 것처럼 보여도 그것은 일시적인 것이다. 대장으로 있는 동안은 부하들이 따르고 있으나, 조금이라도 약한 점을 보이기만 하면, 적과 한패가 되어서 그를 끌어 잡아당겨 넘어뜨리려고 한다. 남에게 애정을 베풀고, 남을 돕는 사람은 곤란할 때에도 그들로부터 충성을 얻을 수 있다.

정신상태

마음속에서 싸우고 있는 사람을 주의하여야 한다. 그런 사람은 어떤 하나의 욕구를 채우기 위해 그밖의 욕구를 희생한다. 만일 남을 지배하고 해치는 것으로 자아를 지키고 있다면, 다른 욕구를 채우는 것, 특히 사랑의 욕구를 거부하지 않으면 안 된다. 다른 욕구도 그 사람의 인격의 일부이어서, 만일 거부당하면 반역을 일으킨다. 그 결과 자기 자신 속에서 갈등이 일어난다. 만일 거부한 욕구가 억압되면 더욱 큰 문제를 일으킨다.

그것은 사람을 불행하게 하고 일을 방해하거나 여러 가지 잘못을 저지르게 한다.

사람들이 객관적으로 봤을 때 불합리한 행동을 하는 데는 이유가 있다.

그 이유는 그들의 소년 소녀시절로 거슬러 올라간다. 그때에 자기에 대한 개념을 비로소 형성하기 때문이다.

자기 자신에 대해서 어떻게 생각하는가가 인간의 목표를 결정한다.

그리고 정한 목표가 장래 자기가 어떤 사람이 될 것인가를 결정한다.

사람을 알기 위해서는 그 사람의 목표를 알 필요가 있다. 그리고 그 사람이 이 목표를 추구하는 사이에 얻은 성공과 만족을 알아야 한다.

제6장

자기 보존은 제일 법칙이 아니다

이 장의 주요점은 이 책에서 이야기하는 가장 중요하고, 더욱이 가장 어려운 점일 것이다. 어렵다고 하는 것은 복잡하다는 게 아니라, '누구나가 이미 알고 있는 낡은 것'이기 때문이다. 오랫동안의 경험에서 나는 그것이 인간성에 대해서 가장 알려져 있지 않는 것을 발견했다. 인간 관계의 대부분의 실패는 사람들이 이 사실을 알고 있다고 믿는 데서 생긴다. 사실은 아무것도 알고 있지 않은데.

자기 이익에 바탕을 둔 행동

물론 이것에는 자기가 할 수 있는 행동이라고 하는 조건이 붙는다. 때로는 다른 사람이 요구하는 것을 하지 않으면 안 된다. 그럼 이처럼 간단함에도 불구하고 오해받고 있는 말에 관해서 좀더 생각해 보자. 그에 관해서 확실히 해두지 않으면 안 될 점을 다음에 들겠다.

자기 이익과 행동

사람들은 누구나가 자기 이익에 의해서 행동하므로 욕심꾸러기, 이기주의자라고 생각한다면 큰 잘못이다. 자기 이익은 자기의 흥미이고, 이기적이며 부도덕일는지도 모른다. 혹은 고귀하고 헌신적일는지도 모른다. 욕심꾸러기는 자기 이익의 하나의 형태이다. 고도의 도덕적 신념은 또 하나의 형태이다. 자기 이익은 자기 자신, 또는 자기가 속하는 집단만이 이익을 받는 것인지도 모른다.

한편 어떤 사람은 언제나 다른 사람에게 이익을 주는 일에 흥미를 갖는다. 때때로 누구나 남에게 이익을 주는 일에 흥미를 갖기도 한다. 그러나 좋든 나쁘든, 이기적이든, 이타적이든, 사람들은 자기 흥미에 바탕을 두고 행동한다. 이 사실을 이해하는 것은 사람들과 사귀는 데 성공하는 비결이다. 그럼 두번째 점을 살펴보자.

자기 이익은 자기 복지와 같지 않다

요전에 나는 한 소녀가 자동차 사고를 당한 것을 보았다. 소녀는 예쁜 빛깔을 한 공을 발견하고 한길에 뛰어들었다가 트럭에 치었다. 우리도 종종 이 소녀와 같은 짓을 하고 있다. 즉 자기 복지에 대해 생각지 않고 자기 이익을 추구한다.

다음에 그 예를 하나만 더 들어보겠다.

간단한 것은 술을 과음한 예이다. 술을 과음한 사람은 여러 가지를 잃는다. 돈, 건강, 우정, 사회적 지위, 평판 등등. 그러나 그의 자기 이익이 과음할 때까지 술을 먹는 것이다.

어떤 사람은 일하는 것으로 똑같은 짓을 한다. 요전에 어느 회사 사장이 마흔여섯 살이라고 하는 젊은 나이에 심장병으로 죽었다. 그는 자신이 과로했음을 알고 있었다. 죽기 전 10년간 그의 담당의사는 그렇게 일하지 말라고 충고했다. 그러나 충고를 무시하고, 유흥 따위는 바람직하지 못하다고 계속 일을 하여 그 종말에는 자신을 죽이고 말았다. 어째서인가? 그것은 그가 자기 복지가 아니라, 자기 이익을 추구했기 때문이다.

자기 이익의 추구

사람들과 사귈 경우, 알지 않으면 안 될 것은 어떤 사람은 자기 복지가 아니라, 거의 자기 이익을 추구한다고 하는 것이다.

이 충동은 모든 가운데서 발견할 수가 있다. 가령 여기에 제임스라고 하는 위대한 능력과 재능을 가진 사람이 있다. 원래 온화한 마음씨와 높은 이상을 가진 사람인데, 진실함이 아닌 경박한 태도 때문에 사람들한테서 따돌림을 당한다. 한 가지 일을 오래도록 계속할 수가 없다. 친구들을 조금밖에 갖지 못하고 비참할 정도로 고독하다.

어째서 그는 자기를 이와 같은 상태로 빠뜨렸는가. 자기 마음속 깊숙이 파묻혀 있는 어떤 이유 때문에 그는 인생에 심한 상처를 받아 만나는 사람마다 까닭없이 화를 터뜨렸다. 특히 자신에 대해 늘 까닭없이 화를 냈다. 자신이 자신의 적인 그런 좋은 예이다. 그는 자기 복지에 전혀 대립하는 자기 이익을 추구했던 것이다.

　모두 어느 정도 이와 같은 일을 하고 있다. 자기가 좋아하는데, 그 사람과 싸움을 한다. 아무런 도움도 되지 않는다고 알고 있으면서도 자기나 남을 훼손한다. 그러나 자기가 하고 있는 것을 알고 있으므로 자기 행복에 반하는 행위를 적게 할 수가 있다. 주의하고 있으면 다른 사람들의 이러한 경향을 알 수가 있으며, 자신을 그로부터 지킬 수가 있는 것이다.

집단에 의한 자기 이익의 추구

　자기 복지를 희생으로 하고 자기 이익을 추구하는 것은 개인뿐만 아니라, 집단에 있어서도 파괴를 가져오게 하는 결과가 된다. '바람과 함께 사라지다'의 소설 가운데서 마가렛 미첼은 농장의 젊은 사람들의 싸움에의 열의를 그리고 있다. 그들은 양키들이 싸우지 않는 게 아닌가 하고 걱정했다. 전투가 시작되는 것을 기다릴 수가 없었다. 그래서 전쟁을 시작한 지 4년도 되기 전에 대부분의 사람들은 죽어 버렸다. 강렬하게 자기 이익을 추구했지만, 전혀 자기 복지를 무시한 예이다.

　농장의 소유자들도 같은 정신의 소유자였으므로 지배 계급의 파괴를 초래했다. 그들은 자기들의 권력과 위신있는 지위, 풍부한 생활을 사랑했다. 이것들을 가지겠다는 일념으로 양보를 할 수가 없어 완전히 파괴되어 버렸다. 프랑스나 러시아의 귀족들에 대해서도 같은 말을 할 수 있다. 자기들의 복지를 지키기 위해 자기 이익의 일부를 단념할 수가 없어 단두대나 총살대에 하나뿐인 목숨을 간단하게 빼앗기는 결과가 되었다.

이처럼 자기 이익이 강조되므로 범죄를 박멸하는 것이 어려워지기도 하고, 유권자의 이익이 된다는 것을 알고 있는 법안도 통과시키지 않고 있다.

고인이 된 뉴욕 시장인 피오레로 라가르디아는 다음과 같이 말했다고 전해진다.

"나는 어째서 노름꾼이 반대하는지 모르겠다. 식사나 일상 생활에 필요한 몇 백만 달러라고 하는 돈을 빼앗기는 것으로부터 노름꾼들을 지켜주려고 생각하고 있는데 왜 반대하는 것일까?"

이것은 남들을 바보스러운 짓으로부터 지켜주려고 하는 사람들이 가지는 공통된 불만이다. 사람을 이해하고 그들과 효과적으로 어울리고, 그들로부터 무엇을 기대할 수 있는가를 알려고 생각한다면, 다음과 같은 것을 알 일이다. 즉 사람들은 자기 복지에 의해서가 아니라, 강한 개인적 이익에 의해서 움직여지고 있는 것이다.

이와 같은 자기 이익에 대한 관심은 재계나 정계의 독직(瀆職)의 원인이 된다. 만일 사람들이 자기의 경제적 복지나 자기 생명에 주의를 기울이지 않으면 도덕적 기준에 흥미를 가지고 있다고는 말할 수 없을 것이다. 사람들은 한정된 범위에서만 이성적이며 도덕적인 것이다.

정신 분석학자는 인간이 싸우고, 피를 흘리고, 죽이고, 죽는 것은 자기 복지가 아니고 노이로제의 일종이라고 말하고 있다. 어떠한 인격도 그 가운데는 이성은 조금밖에 가지고 있지 않고, 그 대부분은 감정적인, 압력과 불가해(不可解)한 욕망으로 가득 채워져 있다. 이들 강력한 욕망이 서로 밀치거니 당기거니 하여 인간의 신념(정치·종교를 포함)이나 행동을 결정하고 있다.

인간은 어느 정도 합리적인가

과거 몇 년 동안에 걸쳐 인간성의 합리적인 면과 비합리적인 면이 여러 가지 방법으로 연구되어 왔다. 심리학자들은, 우리들이 알아차리는 것을 제각기의 흥미와 감정에 의존하고 있다고 말한다.

그러므로 지금 한 사람의 부인이 응접실에 들어온다고 하자. 보석상이라면 그녀의 목걸이와 팔찌에, 모피상이라면 그녀의 의복의 질에, 패션모델이라면 그녀의 다리 모양과 걸음걸이에, 피부과 의사라면 그녀의 피부에, 산부인과 의사라면 그녀가 임신하고 있는지 어떤지를, 패션 디자이너라면 그녀의 옷의 세밀한 점에 흥미를 가질 것이다. 정신병학자는 사람들의 잠재 의식은 우리들이 의식적으로 잊어 버리고 있는 것을 가끔 상기시킨다는 것을 알고 있다. 또 일시적인 유행, 패션, 소문, 자살 따위가 감정에 기인하고 있다는 것을 알고 있다.

그러나 인간의 이성을 과소 평가해서는 안 된다. 전국 여론 조사기관이나 그밖의 단체는 인간이 위기에 처해서 어떻게 행동하는가의 연구를 오랜 세월에 걸쳐서 한 결과, 매우 당황하여 쩔쩔매는 것은 11%에 불과하고, 그외는 동요는 할지라도 자제심을 가지고 있다는 것을 발견했다. 사실 불필요한 자살을 초래하는 것은 막막한 낭패가 아니라, 무엇을 하지 않으면 안 되는가에 대한 마음속에서의 번민이다.

일반적으로 알려져 있는 사실이지만, 대부분의 사람들은 이성적인 면과 그렇지 않은 면을 함께 가지고 있다. 가령 어느 주부가 눈이 내리는 우중충한 날에 물건을 사러 나갔다. 코트를 입고, 장화를 신는다. 물구덩이에 발이 빠지지 않도록 주의하면서 걷는다. 그녀는 돌아오자마자 마루를 더럽히지 않으려고 집에 들어오기 전에 장화를 벗는다.

이것은 이성적인 행위이다.

그녀의 남편도 또한 많은 일에 이성적으로 행동한다. 점점 살이 찌기 시작하므로 식사에 주의한다. 의사나 치과의사의 진찰을 받는다. 집을 사려고 생각하여 그 값어치를 평가받기 위해서 전문가를 부른다. 자기 직업에 대해서도 현명하다. 작년에 그는 급료가 먼저 있던 회사보다도 적은 회사로 전직했다. 그 이유는 그 회사 쪽이 장래성이 있다고 생각했기 때문이다.

이젠 이 이상 같은 예를 더 들 필요가 없다. 우리들 주위에는 변명이 통하는 현명한 짓을 하는 사람의 예로 가득 찼다. 판단이 잘못되어 있는지는 모르나 모두 자기들의 복지에 있어서 최량(最良)의 것을 하고 있는 것이다.

그렇지만 이들 행위의 대부분은 이성적이라고는 말할 수 없다.

이성적인 면과 비이성적인 면의 공존

장화를 신을 때엔 매우 주의를 하는 주부가, 한편 물건을 살 때가 되면 매우 비이성적으로 되는 일이 있다. 값이 비싸다는 것을 알고 있는 상점을 두둔하기도 하고, 겉치레만 미끈한 품질에 사로잡히기도 한다. 품질이 나쁘고 값이 비싼 물건을 멀리까지 걸어서 사러 가게끔 하는 이유는 그녀의 마음속에 있다. 비싼 값을 치르는 것은 어느 의미에서 자기가 근방 사람들보다 위대하다고 느끼게 한다. 다시 말하면 그녀의 감정적 굶주림을 채워준다.

한편 그녀의 남편도 또한 비이성적인 면을 가지고 있다. 식사에 주의를 기울이고 있는데도 술을 과음한다. 집을 산다거나, 차를 산다거나 할 때에는 매우 세심하나 경마라도 하게 되면 조금도 돈이 아깝다고 생각하지 않는다. 과거 10년 동안에 아마도 수천 달러의 손해를 보았으리라. 그는 또한 일에 대해 끝까지 고집하는 성격을 가지고 있다. 이처럼 꼬집어 이야기하면 그것이 잘못이라는 것을 알아도 결코 의견을 바꾸지 않는다.

사람들은 어느 정도 모두 이상 언급한 것과 같은 점을 가지고 있다. 어떠한 증거나 설득도 듣지 않는 감정적인 맹점을 가지고 있다.

신경 충동

지금 언급한 비이성의 예는 신경 충동이라고 부르는 것이다. 그런 사람을 앞에 놓고 토론해서는 안 된다. 도저히 이길 수 있는 희망이 없기 때문이다. 그러나 그 누구한테서도 발견할 수가 있는 신경 충동이 여러 종류 있다. 그것들이 사람의 행위에 영향을 주는 것은 당연하다. 다음에 드는 폐색(閉塞)과 강제가 그 예이다.

폐색

소도프 부인은 뽐내기 잘하는 사람으로 불유쾌한 사람이라고 알려져 있다. 그러나 실제로는 사람이 좋고, 친구가 필요했다. 그렇지만 그녀는 열등감을 가지고 있으므로 사람과 마주치면 당황하여 도망치고 싶어한다. 그녀의 냉정한 태도는 약점을 보이지 않기 위한 수단이다. 그 때문에 친절한 사람임에도 불구하고 그 면이 밖으로 나타나지 않는다.

그녀의 열등감의 한 원인은 남편에게 있다. 남편은 상당한 능력의 소유자이나, 어머니가 하라는 대로 한다. 예를 들면 지위와 수입의 향상을 약속받는 직업을 지금까지 몇 번이나 소개받았으나, 어느 것이나 동네를 떠나가지 않으면 안 될 것들뿐이었다. 그 때마다 남편의 모친은 슬픈 낯빛으로 요즈음 아이들은 은혜를 모른다고 뚱딴지 같은 소리를 하는 것이었다. 그러므로 그는 어머니 곁을 떠나지 못했다. 마음속의 그 무엇이 그렇게 시켰다. 그의 불행과 초조한 생각은 관계가 있는 온갖 것—아내를 포함해서—에 영향을 주었다.

또한 어떠한 것에도 '아니'라고 말하지 못하기 때문에 언제나 곤란을 겪고 있는 사람이 있다.

① 결심을 하지 못하는 사람도 있다.

② 잘못하였거나 틀렸던 것을 인정할 수가 없는 사람이 있다.

③ 인생을 즐길 줄 모르는 완고한 사람도 있다.

④ 정직하게 하는 게 득인데도 그렇게 할 수 없는 사람이 있다.

대부분의 사람들에게는 이처럼 극단은 아니라 할지라도 굉장히 하고 싶은 일이 있는데, 어떤 이유 때문에 할 수 없다고 하는 일이 있다. 이와 같은 일을 발견한다면, 그 사람에게 무엇을 기대할 수 있는가를 아는 데에 도움이 된다.

강제

　강제는 폐색과 동질이형(同質異形)의 것이다. 그것은 남에게 하고 싶은 것을 시키지 않고, 하고 싶지 않은 것을 시킨다. 다시 말하면 자기 자신에게 유해한 행위를 시킨다.

　강제 가운데서 가장 잘 알려지고 연구되어 있는 것으로 알코올 중독이 있다. 술 마시는 것은 그것이 좋기 때문에 과음하는 것이 아니다. 마시는 것이 여러 가지 해를 줌을 알고 있다. 마시고 싶으니까 마시는 것이 아니라, 마시지 않으면 안 되기 때문에 마시는 것이다.

　그 밖에도 여러 모양의 강제가 있다. 화를 내어 무엇이나 때려부수거나 난폭한 행동을 하는 사람이 있다. 이와 같은 사람은 자기로서는 이해도 할 수 없고, 억누를 수 없는 충동 때문에 자기나 남에게 해를 끼치는 것이다.

　걱정도 강제이다. 아무도 걱정이 몸에 좋다고는 생각지 않는다. 그러나 우리들의 마음속에는 많은 만성적인 근심이 있다.

　다툼도 마음 깊숙이 잠겨 있는 강제에 의하여 일어난다. 서로 깊이 사랑을 주고받는 사람들이 상대방의 기분을 나쁘게 하는 것과 같은 것을 말한다. 그리고 뒤에 후회한다. 그래도 역시 싸움을 되풀이한다.

　이와같이 자기나 남을 해치고 있는 사람에 대해서 어떠한 태도로 대해야 되는가? 우선 그들을 이해하지 않으면 안 된다. 대개의 경우 그들은 비극을 초래하는 것을 피하려고 전심전력 노력하고 있다. 그러므로 만일 결혼이나, 직업이나, 파멸을 향하여 돌진하고 있는 사람을 발견하거든 폐색이나 강제라고 하는 형태로 표현되고 있는 감정을 찾아낼 일이다. 그러면 동정적인 이해를 통해서 도와줄 수가 있을는지도 모른다.

때로는 비이성이 사람의 행위에만 머무르고 판단에는 영향을 주지 않는 일이 있다. 더욱 심각한 것은 신경 충동이 판단에 영향을 주는 것이다. 이 경우 그 사람이 아무리 머리가 좋고, 아무리 교육을 많이 받았다고 할지라도 현명하게는 되지 않는다. 믿고 싶다고 생각하는 것을 믿지 않고는 견딜 수 없게 된다. 진리가 모순될 때에는 그것을 무시한다거나, 비틀거나 하여 자기의 감정적 요구에 맞게끔 한다.

여기에서 주의하지 않으면 안 되는 일은 사람이 지적으로 되면 될수록 '비이성'이 '이성'과 뒤바뀌어 버리는 것이다. 이것을 '희망적 관측'이라고 부른다. 감정에 대해서 자기가 바르다고 생각하는 것을, 가령 바르지 않다 해도 바르다고 증명하는 노력이다.

위선자로 되는 사람은 적다

가령 지금, 누군가가 아는 사람의 집이나 사무실을 방문한다고 하자. 만일 상대방이 지루해 있었다면 그 사람은 방문자를 친구처럼 마중해 준다. 그러나 만일 일에 쫓겨 분망하다거나, 먼저 손님이 와 있다거나 한다면 그는 시원스럽게 내쫓을 것이다.

이 사람은 모순되고 있는 것일까? 또는 위선적인 것일까? 그게 아니라 다만 정세에 반응하고 있는 데 불과하다. 사람들은 누구나 이와 같은 짓을 하고 있다. 그러므로 사람들과 사귀려면, 상대방의 그때 그 장소의 환경과 마음의 상태를 알 필요가 있다. 인간은 모순되는 감정을 가지고 있으므로 때로는 전혀 반대되는 것을 태연하게 말할는지도 모른다. 그러나 어느 쪽이나 둘 다 진실이다. 모순된 것처럼 보이는 것은 그때 그때에 따라서 다른 감정이 지배하기 때문이다.

사람 가운데서 모순을 발견하는 경우가 자주 있다. 이것은 인격이라고 하는 것은 하나 뿐만 아니라 많은 면을 가지고 있다는 증거이다.

어떤 사람은 때로는 다음과 같이 말한다.

"나는 미국 사람이다. 나는 민주주의를 신봉하고, 기업의 자유 경쟁을 믿는다."

같은 사람이 다른 때에는 다음과 같이 말할는지도 모른다.

"나는 실업가이다. 나는 경쟁으로 사업을 실패시키는 것이 두렵다. 그러므로 나는 경쟁 상대방이 나보다 싸게 팔 수 없게 하는 법률을 제안한다. 만일 대학 교수나 문화인이 그 법률에 반대한다면, 그들을 공산주의자로 간주하여 추방하겠다."

또 어떤 상원의원은 다음과 같은 모순된 말을 태연히 할는지도 모른다.

"나는 국가 재정에 적자가 불어나는 것을 우려하고 있다. 그러므로 정부가 더욱 예산을 절약하는 것을 제안한다. 그러나 나는 상원의원에 재선되고 싶으므로 선거구민을 위해 거액의 재정투자안을 제출하고 싶다. 만일 내가 다른 의원이 제출하는 똑같은 안에 반대한다면, 그들도 내 안에 찬성해 주지 않을 것이니까 나는 정부의 지출을 더욱 늘릴 것을 요구한다."

자, 그러면 이제 위선에 대해서 이야기하겠다. 위선자는 그렇게 많이 있지 않다고 한다면, 놀라리라 생각된다. 위선에는 우선 자기의 충동과 동기를 아는 것을 필요로 한다. 이것이 가능한 사람은 드물다. 좀더 부드러운 말로 한다면, 위선자가 될 수 있을 정도의 두뇌를 가진 사람은 조금밖에 없다.

사실 만일에 위선이 가능해지면, 그것은 커다란 도덕적 수확이다. 거짓을 말하고 있다는 것을 아는 사람은 어떻게 되겠지만, 참말을 하고 있다고 믿고 있는 사람은 곤란한 것이다.

말하는 것과 행동이 아무리 모순되어 있어도 위선자라고 말하여 책망하지 말고, 진실하다고 생각하는 편이 훨씬 건전하다. 이 기본적인 사실을 인정하는 것이 사람과 사귀는 데 있어서 크게 도움이 된다.

그럼 혼자 옳다고 생각하는, 공정성을 공공연하게 요구하는 사람은 어떻게 다루면 좋겠는가? 또한 학대받는 사람들에 대한 원조를 다른 사람에게 요구하는 사람은? 또한 남에게만 고도의 도덕 기준을 과하는 사람은? 또한 자기는 언제나 하고 있으면서도 남이 하면 날카롭게 비난하는 사람은?

여러분은 이상과 같은 경우 어찌할 것인가? 그들을 위선자라고 불러서는 안 된다. 그렇게 생각하는 것도 안 된다. 사람들의 감언에 휩쓸리지 말고, 그 사람의 행위로써 사람을 평가할 일이다. 그렇게 하면 속는 일이 적어질 것이다. 동시에 불가능한 문제를 피할 수가 있다. 성실한 태도를 취함으로써 싸움이나 악의를 피할 수가 있을 뿐만 아니라, 다른 사람에 대해서 더욱 친밀해지는 것이다. 좋은 인간 관계를 구축하기 위해선 신용할 수 없는 사람과도 안심하고 그리고 행복하게 사귈 수 있는 것이 필수조건이 된다.

인간은 누구나 모순되는 감정을 가지고 있다. 그렇기 때문에 때로는 전혀 반대되는 것을 태연하게 말할 수 있다. 그러나 어느 쪽이나 다 진실이다. 상황에 따라서 다른 감정이 지배하기 때문이다.

다른 사람의 비합리성을 다루는 원칙

인간으로서 인정하라

우선 맨 처음에 대부분의 사람이 지적이며 이성적이라고 인정하는 일. "인간은 모두 어딘가 이상한 데가 있다."고 생각하고, 사람을 지나치게 의심하여 우정이나 도움을 잃는 것은 피해야 할 일이다.

이성적 분야를 넓혀주라

다른 사람의 이성적 분야를 넓혀주려고 생각하면 두 가지 방법이 있다. 그 중 하나는 판단을 내리기 전에 과학적 자료에 의존하는 것을 가르쳐주는 일. 비이성은 단순한 무지에서 일어나는 것이다.

사람들이 기묘하여 잘못된 결론을 내리는 것은 양친이나 친구, 또는 어딘가에서 읽은 무책임한 책자 때문이다. 세상을 현혹시키는 대부분의 문제에 대해서 과학적 연구가 행해지고 있다. 남에게 이것들의 연구 자료를 참조하도록 권장하여 비이성을 적게 하는 데에 도움을 받아라.

두번째의 방법은 비이성은 누구나가 가지고 있다는 것을 깨닫게 하고, 수치심이나 죄악감을 가질 필요가 없다고 설득한다. 그렇게 하면 그들의 진보는 놀라울 정도로 빨라질 것이다.

인간은 유순한 동물이다. 어떤 일에도 길들여지는 존재이다. ―도스토예프스키―

애정을 가지고 접촉하라

여러분은 사태를 악화시키는 것을 피할 수가 있다. 남을 꾸짖는다거나, 책망한다거나, 조소하면, 그들이 이성적으로 되는 것을 더욱 곤란하게 한다. 친절한 애정이 담긴 조력은 있는 그대로의 자기를 받아들이게 한다. 그리고 그렇게 되었을 때에야 비로소 사람은 인간적으로 성장하게 되는 것이다.

신뢰

다른 사람의 약점, 비이성적인 점, 즉 신뢰할 수 없는 점을 안다면, 사람들과 더욱 잘 사귈 수 있고 사랑할 수가 있다. 어느 점에서 다른 사람을 신뢰하고 누구를 신뢰할 것인가를 아는 것은 좋은 인간 관계의 수립에 있어서 가장 중요한 것 가운데 하나이다.

사람들한테서 무엇을 기대할 수 있는가를 알기 위해선 인간은 누구나 이성적인 면과 비이성적인 면을 함께 가지고 있다는 것을 알아야 한다. 어떠한 사람일지라도 모든 면에서 다 이성적일 수는 없다.

대부분의 사람들이 비이성적인 면을 가지고 있으며, 자기한테 깊이 뿌리 박혀 있는 비이성 때문에 감정적으로밖에는 반응할 수 없는 게 있다. 사람들은 이러한 경우 올바른 판단과 이성을 가질 수가 없다.

대부분의 사람들은 자기 이익을 추구한다. 가령 그것이 자기 복지에 반하는 것이라 할지라도. 사람은 누구나 무언가의 신경 충동을 가지고 있다. 그것은 하고 싶지 않은 일을 시키는 '강제'와 하고 싶은 일을 방해하는 '폐색'이다.

위선자가 될 수 있는 사람은 조금밖에 없다. 위선자가 되는 데는 마음속의 서로 대립하는 감정과 욕망을 아는 게 필요하기 때문이다.

대부분의 사람들에게 어느 점에 관한 한 '자기 자신은 최대의 적'이다.

이 장을 읽음으로써 어떻게 해서 자기 자신은 최대의 적이 아니고, 최상의 친구가 될 수 있는가를 발견했을 것이다.

제7장

행위에 영향을 주는 욕구

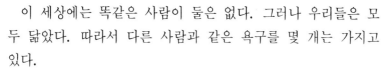

이 세상에는 똑같은 사람이 둘은 없다. 그러나 우리들은 모두 닮았다. 따라서 다른 사람과 같은 욕구를 몇 개는 가지고 있다.

이 공통의 욕구를 안다면, 사람에 대해 올바른 판단을 내리기 쉽게 된다. 실제로 모든 사람에게 공통된 육체적 욕구는 많이 있다. 유명한 인류학자인 G. P. 마독 씨는 인류에게 공통된 이 욕구들을 만족시키는 방법을 70가지 이상 들고 있다. 그러나 여러분이 상대방을 아는 데 필요한 방법은 다음 다섯 항목으로 분류할 수 있다.

① 육체적 욕구
② 승인의 욕구
③ 사랑의 욕구

④ 자아 욕구(이에 대해서는 이미 이야기했다.)
⑤ 귀의본능(歸依本能)

이러한 인류 공통의 욕구를 이해하고, 그것들이 인격에 어떠한 영향을 주는가를 안다면, 여러분은 사람들에 대해 많은 것을 알았다는 결론이 된다. 그래서 이러한 욕구를 하나씩 차례로 취급하여 고찰해 보려고 생각하나, 그 전에 욕구 일반에 관해서 한 마디 이야기하기로 하겠다.

다섯 가지 욕구

여기에서 욕구라는 것은 사람이 강하게 욕심을 부리는 것이 아니고, 자기 복지에 있어서 필요한 것이다. 먹을 것과 공기는 필수품이다. 왜냐하면 그것들이 없으면 육체는 사멸해 버리기 때문이다. 한편 진미(珍味)는 필수품이 아니다. 추운 날에 따뜻한 웃옷은 필수품이나, 밍크코트는 그렇지 않다. 욕구를 채우는 필수품이란, 만일 사람이 그것을 가지지 않으면 고통이나 손실을 초래하는 것이다.

욕구는 정도에 따라서도 다르다. 혈액순환이 좋은 사람은 나쁜 사람만큼 의복을 필요로 하지 않는다. 취미가 없는 사람은 텔레비전을 본다거나, 나이트클럽에 간다거나, 그밖의 여러 가지 오락을 필요로 한다.

이들의 욕구에는 유사점이 있다. 연관공(鉛管工)과 목수는 다르기는 하나, 어느 것이나 도구를 필요로 한다. 사람은 종류가 다른 먹을 것을 다른 양만큼 필요로 하지만, 어느 쪽이나 먹을 것은 필요하다.

그럼 이젠 누구나가 어디에서나 가지고 있는 다섯 가지 욕구에 대해서 고찰해 보자.

육체적 욕구

이에 대해선 이미 잘 알고 있으리라 생각되므로 간단히 설명하는 것만으로 그치자. 육체의 욕구란 먹는 것 뿐만 아니라, 육체와 그 기관이 건강하게 일하는 데 필요한 것을 가리킨다. 건강한 호흡, 소화, 배설, 방어 등이 그것이다. 또한 육체의 건강을 보존하기 위해 필요한 의료도 그렇다.

승인의 욕구

집단의 과학적 연구는 매우 많다. 성격 형성에 종사하는 개인이나, 기관은 집단이 도덕 기준에 영향을 미치는 것을 발견했다. 산업은 또한 몇 백만 달러라고 하는 돈을 들여서 집단 기준이 생산에 커다란 영향을 주는 것을 발견했다. 많은 사회과학자들은 주택, 대학, 농촌, 교외, 도시에 사는 사람들에 대해서 연구했다. 다른 학자들은 종족이나 종교적인 집단에 대해서 연구했다. 이러한 이들의 연구 가운데서 하나의 결론이 나왔다. 그것은 집단의 도덕 기준이 일상 생활에 침투하고 있다는 것이다.

많은 사람들이 다른 사람의 주의를 끌기 위하여 시간을 들여 노력을 하고 있는 것을 알고 있을 것이다. 그것을 어떻게 하여 행하는가는 그 사람의 연령, 사회 경험, 소속하고 있는 집단의 기준에 따라서 다르다.

아이는 노래를 부르거나 춤을 추기도 하여 열심히 재주를 피운다.

어른은 다른 사람의 주의를 끄는 데에 의복에 의존한다. 그들이 의복에 쓰는 다액의 돈은 몸을 가린다거나 추위를 막기 위해서가 아니라, 다른 사람의 주의를 끌기 위해서이다. 남편의 넥타이나 값비싼 아내의 모자는 인디언의 전투용 모자라든가, 아프리카 원주민의 얼굴이나 온몸에 바른 현란한 자청(刺靑)과 똑같은 역할을 한다.

실제에 있어 많은 어른들은 주의를 끌기 위해서 아이들과 같은 방종으로 여기저기 깡충깡충 뛰어다닌다. 이와 같은 조잡한 행위를 경멸하는 사람들은 더욱 기묘한 수단을 쓴다. 즉 기발한 의견을 말하기도 하고, 유명인의 흉내를 내기도 한다. 방법은 아무리 다를지라도 순진한 사람도, 교육받은 사람도, 막 낳은 유아도, 노인에 이르기까지 종족과 문명을 가리지 않고, 주위 사람들의 주의를 끌려고 하는 욕구를 가지고 있다.

이 주의를 끌려고 하는 욕구를 경멸해서는 안 된다. 그것은 참다운 욕구이다.

"저런 갓난아기를 상대하지 마라. 저녀석은 사람들이 봐주기를 바라고 있다."

이와 같은 일은 오해이다. 갓난아기일지라도 마치 먹을 것을 필요로 하고 있는 것과 똑같이 다른 사람의 주목을 필요로 한다. 그래서 충분한 주목을 얻을 수 없으면 기분이 상하게 된다.

어른들에게도 같은 말을 할 수 있다. 만일 다른 사람의 주의를 끌려고 하지 않는다고 생각하고 있다면, 그 사람은 자기를 가장하고 있는 게다. 자기를 자랑스럽게 남에게 보이고 싶어하는 욕망은 기본적인 것이다. 누구나 부끄러워한다거나, 당황해 해서는 안 된다. 물론 개중에는 주의를 끌고 싶어하는 욕망이 극에 달해서 더 중요한 욕구, 가령 사랑의 욕구를 덮어서 숨기는 사람도 있다. 만일 사람 가운데서 이것을 찾아낸다면 그 사람에 대해서 상당히 많이 알았다는 것이 된다. 여러 가지 형태의 이 욕구를 아는 것은 사람을 이해하는 데 필요한 것이다.

많은 사람들은 단지 주의를 끄는 것만으로는 만족할 수 없다. 그들은 받아들여주는 것을 필요로 한다. 감정이 메마른 사람은 남의 의견을 경멸하기도 하며, 경멸하고 있는 것처럼 보이게 한다. 대부분의 사람들은 자기에게 중요한 사람의 동의를 얻기 위해서는 어떠한 일이라도 감행하는 것이다.

'자기에게 중요한 사람'이라고 하는 말에 주의하기 바란다. 누구나 모든 사람들에게 받아들여지는 것을 기대한다거나 바란다거나 하지는 않는다. 특정한 사람, 또한 특정한 집단에 받아들여지는 것을 바라는 것이다. 청년들은 어른들이 자기들의 짓을 바보스러우며, 천박하다고 생각한다는 것을 알고 있을는지도 모른다. 그러나 그 청년이 동년배의 집단에 받아들여진다면, 어른들의 생각 따위는 중요치 않게 되어 버린다. 고액소득자층의 사람들은 저액소득의 사람들이 받아들여지든, 받아들여지지 않든 상관하지 않는다. 반대로 저액소득자는 똑같이 고액소득자를 경멸하거나, 경멸하고 있는 체할 것이다. 이것은 집단 관계의 중요함을 나타내는 증거이다. 집단 관계는 우리들의 만족과 성장에 있어서 매우 중요하다.

사람들이 자기가 선택한 집단에 용인된다면, 그의 욕구는 적당히 충족되어 다른 사람이 어떻게 생각하는가는 그렇게 중요하지 않게 된다. 그러나 만일 그를 용인해 주지 않은 집단이나 사회 계급을 파괴해 버리겠다고 말하기 시작한다면, 갈등을 일으키는 게 된다. 집단 관계는 개인을 아는 데 있어서 빠뜨릴 수 없는 중요한 것이다. 만일 어떤 사람의 그 소속하는 집단을 알았다면, 그에 대해서 많은 것을 아는 것이 된다. 반대로 사람을 알려고 생각한다면, 그 사람이 관계하고 있는 집단 또는 관계를 갖고 싶다고 생각하고 있는 집단을 알지 않으면 안 된다.

많은 사람들의 관심은 자기를 어떻게 해서 남에게 잘 '팔 것인가' 하는 점이다. 이것은 때로는 이해하기에 고통스러운 듯한 행동을 사람들에게 시킨다. 자기를 팔려고 한다면, 다른 사람이 자신에게 요구한다고 생각하는 것이 되든가, 적어도 그런 체를 하지 않으면 안 된다. 진짜인 자기를 표현할 수 없어 굉장히 고독해진다. 끊임없이 자기를 부정하고, 자기의 성미에 맞지 않는 것이 되려고 노력함은 사람을 긴장시키고, 또한 기분을 나빠지게 해서 아내나 아이나 친구에게 까닭없이 신경질을 내게 된다.

사람들은 그 긴장에 견딜 수 없게 되면, 더욱 편안한 위치를 구하는지도 모른다. 그러나 대부분의 사람들은 자기의 위치에 힘껏 달라붙어 가능하면 더욱 향상해 보려고 노력한다. 이것은 자주 듣는 '미쳐 날뛰는 경쟁'이라고 하는 것이다. 다른 사람에게 용인되었으면 하는 기분은 매우 강한 욕구이므로 많은 사람들은 그것을 만족시키기 위해 자기를 가장한다. 우리들의 큰 문제는 자기를 가장과 억제 속에 가두어 버리지 않고, 어떻게 이 욕구를 채우고, 자기에게 적합한 표현을 하는가이다. 사람

들 속에 있는 이 두 개의 대립된 욕구를 알았을 때, 사람을 이
해하는 길에 있어서 상당히 진보한 것이 된다. 다음에 가장 중
요한 욕구의 하나에 대해 이야기하자.

사랑의 욕구

근래에 와서 사랑이라는 명제가 과학적 연구의 과제가 되어
있다. 이제 막 발족한 정도이지만, 비교적 실질적인 토론이 전
개되고 있다.

사랑이라고 하는 말에 대해서 나는 달콤한 감상주의를 말하
는 것은 아니다. 또한, 성(性)이라고 하는 말의 정중한 말투도
아니다. 나는 《남성, 여성, 도덕》이라고 하는 책 가운데서 성
과 사랑의 관계에 대해 이야기했는데, 내가 말하고 싶은 것은
다음과 같은 것이다.

'사랑'과 '성'의 차이는 다음과 같이 요약할 수 있다. '성'이
란 엄격히 제한된 짧은 육체적 반응이다. 수음(手淫)에선 다른
사람이 없을지라도 성의 오르가슴에 달할 수가 있다. 한편 '사
랑'은 정신적인 것으로서 그 본질은 딴 사람의 인격에 대한 반
응이다. 우리들은 본 적이 없는 사람일지라도, 죽어 버린 사람
일지라도 사랑할 수가 있다. 육체적인 요소는 이차적인 것
이다.

'성'은 직접적이고 단순하여 인격의 극히 일부분의 반응밖에
필요로 하지 않는다. 그러나 '사랑'은 한 인격의 다른 인격에
대한 전적인 반응이다.

'성'은 다른 사람의 이익이라든가 복지에 관계없이 자기 욕

망을 만족시키는 것뿐이다. 한편 '사랑'은 '자기 자체를 구하지 않는다.' 성욕도 병존할지 모르나 그건 사랑을 돕는 역할을 할 뿐이다. 만일 '성'이 '사랑'과 충돌한다면 '사랑'이 행동을 결정한다. '사랑'은 그러한 것이다.

'사랑'과 '성'은 동일하지 않고 대조적이다. 미학적으로 뿐만 아니라, 심리학적, 사회학적 내지 기타의 온갖 중요한 면에서 대조적이다. '사랑'과 '성'은 철근과 콘크리트처럼 합쳐져서 서로 강하게 한다. 교양이 있는 사람은 누구나 그 두 가지를 혼동하지 않을 것이다.

과학적 지식이 진보함에 따라서 옛날 종교의 가르침이 점점 확인되게끔 되었다. 그것은 '사랑이란 이 세상에서 가장 위대한 것이다.'라고 하는 것 말이다.

우리들은 사랑을 줌과 동시에 사랑을 받고 싶어한다. 그리고 모든 사람들이 그것을 필요로 한다. 그것은 우리들의 생활에 가장 커다란 영향을 주는 단 한 가지인 것이다. 사람에 따라서 사랑을 주거나 받는 양은 다르겠지만, 이 두 개의 욕구는 우리들의 생애를 통해서 언제나 같은 힘으로 계속되는 것이다.

사랑을 받지 않은 사람은 인격이 굶주리게 되고, 사랑을 주지 않는 사람은 시들어진다. 우리들은 성장해도 어렸을 때와 마찬가지로 다른 사람으로부터의 사랑을 필요로 한다. 그래서 다른 사람을 사랑하려고 하는 욕구는 성장함에 따라서 강해진다.

사랑을 주기도 하고, 받기도 하는 능력은 많은 인간 관계에 영향을 준다. 이 사실을 알면 어째서 사람들이 독특한 방법으로 행동하는가를 아는 데 도움이 될 것이다. 예컨대 사무실에서 점심 전표를 결코 떼지 않는 사람의 경우를 예로 들어보자. 만일 누군가가 전직원을 위해 과자상자를 가지고 온다고 하자. 그는 만일 아무도 보고 있지 않으면 정오까지 상자 속의 과자를 절반이나 먹어치우든가, 호주머니에 넣어 버릴 것이다. 그는 언제나 호의를 요구하고, 자기는 아무것도 남에게 주지 않는다. 거기에다 언제나 불평 불만을 말하고 있다. 그는 결코 바라는 것은 바라는 만큼 얻을 수가 없을 것이다. 왜냐하면 그처럼 뜻대로 되는 일이란 흔히 있는 것이 아니니까.

그는 어째서 이런 행동을 하는 걸까? 그 하나는 그의 생활에 사랑이 부족하기 때문인지도 모른다. 사랑을 받지 못하고, 심한 대우를 받은 아이는 크게 되면 모든 사람들의 적이 되기 쉽다. 사랑의 결핍은 성격 결함의 원인이 되고 많은 범죄를 유도한다.

사람들과 교제하는 데 있어서 사랑의 중요함은 사정에 따라서 크게 다르다. 사교상에서는 사랑은 다른 사람을 느슨한 기분이 되게 하겠지만, 예의를 차릴 줄 알고 있으면, 그것으로 충분할지도 모른다. 손님에게 사인을 받는 것이 목적인 판매 활동에서는 손님의 사랑의 감정이나 능력은 그다지 중요하지는 않다. 그러나 조금 현명한 세일즈맨이라면 손님이 사랑에 굶주리고 있는지 어떤지는 알아차릴 것이다.

사랑이 절대 필요하게 되는 것은 함께 생활하는 경우이다.

결혼에 있어서는 사랑을 주거나 받는 것이 중심이 된다. 이것은 반드시 '사랑하고 있다'는 것을 의미하고 있는 것은 아니다('사랑하고 있다'고 하는 것은 이기주의의 하나의 형태이다). 마치 우리들이 귤을 '좋아한다'고 하는 것과 똑같은 이유로 다른 사람을 소유하는 것을 바라는 경우가 있다. 이것은 상대방을 희생으로 하여 자기의 굶주림(반드시 성욕이 아닐지라도)을 채우기 때문이다.

아이를 기르는 데 부모의 사랑은 중요한 요소이다. 아이가 양친으로부터 사랑을 얻는가 얻지 않는가는 그의 성격 형성에 커다란 영향을 준다.

이만큼 깊은 연관이 없는 사람일지라도 사랑의 욕구가 어느 정도 만족시켜졌는가를 아는 데 따라서 그 사람에 대해서 많은 것을 알 수가 있다. 정직해서 좋은 사람일지라도 사랑이 없기 때문에 차가운 사람이 되는 경우도 있다. 또는 비열해서 사람을 속이고 욕을 먹을는지도 모르며, 악의 있는 소문을 퍼뜨리고 고의로 분쟁을 일으키고, 풍기를 문란하게 할는지도 모른다. 사랑을 줄 수도 받을 수도 없는 사람은 경계하지 않으면 안 된다. 그런 사람은 자기 속에서 혼란을 일으키고 있을 뿐만 아니라, 주위의 사람들에게도 신세를 끼치게 될 것이다.

우리들이 문제로 삼아오던 사랑이란 무엇인가? 그리고 그것을 어떻게 분별하는가? 간단히 말해서 다른 사람이 성장하는 것을 보고 만족과 행복을 얻을 때에 우리들은 그 사람을 사랑하고 있다고 할 수 있다. 여기서 주의하지 않으면 안 되는 것은 이것은 그 사람을 '행복하게 한다'는 것은 아니라는 것이다. 자기 자신을 위해서 다른 사람을 불행하게 하는 사람을 의심하는 것은 옳다. 그러나 또한 사랑은 다른 사람이 화내는 것을 시킨다. 아이들에게 모든 것을 주는 부모는 정말로 아이를 사랑하고 있다고는 말할 수 없다. 아이를 기쁘게 하고, 행복하게 하기 위해서라면 어떠한 일이라도 하는 모친은 무의식중에 아이를 약하게 하고 있다고 말할 수 있을 것이다.

사랑한다고 하는 것은 다른 사람이 인간으로서 성장하는 것을 바라는 것이다.

귀의 본능

'귀의 본능(歸依本能)'이라고 불리우는 이 욕구에 대해서는 다른 욕구만큼 연구되어 있지 않다. 이 욕구를 만족시키기 위한 노력은 기껏해야 부분적인 것이거나, 나쁘다면 비극적인 것으로 끝났다. 어떻게 해서 이 욕구를 더욱 적당히, 더욱 완전하게 충족시킬 것인가는 인류가 직면하는 최대 문제의 하나이다. 그러나 우선 이와 같은 욕구가 인간에게 있는 것을 인정하고, 사람과 사귈 경우에 계산에 넣지 않아서는 안 된다.

사람에 대한 두세 가지 기본적인 사실을 생각하면서 이 문제에 접근해 보자. 우선 조의 경우를 들어보자. 조에 흡사한 사람은 세상에 많이 있다. 조는 성질이 느긋한 편으로 강인한 사람은 아니다. 부모를 비롯해서 학교 선생, 경찰관, 세무서원, 반장이나 상사에 이르기까지 언제나 조에게 이렇게 해라, 저렇게 해라 하고 심히 몰아쳐댔다.

조는 이 세상에서는 큰 인물은 아니다. 영화배우나 대통령이 어딘가에 행차한다고 하면, 많은 사람들이 환영하러 나온다. 그러나 조를 위해서라면 아무도 나오지 않을 것이다. 비행장이나 역에 그를 마중하러 나오는 것은 큰아버지 정도뿐이다.

조는 좀처럼 자기 이름을 신문에 나게끔 하는 일이 없다. 결혼식이나 장례식 때 정도이다.

조는 언젠가는 죽을 몸이다. 현재는 그를 알고 있고 사랑해줄 사람은 있으나, 사후에는 아무도 그에 대한 이야기를 하지 않을 것이다. 이것이 인생이란 말인가? 인생이란 지구상에 머무르고 있는 짧은 기간이 지나면, 의미가 없어지는 것이란 말인가? 그 이상의 큰 목적은 없다는 것인가? 조는 이 문제에 대한 대답이 '아니오'였으면 하는 강한 욕구를 가지고 있다.

이것이 '귀의 본능'이라고 하는 것이다.

우리들은 인간의 한계로부터 도망칠 수 있기 위해 무언가 강한 것, 중요한 것, 영속하는 것과 함께 잡아매려고 한다. 그 보통 방법에 종교가 있다. 과거에서부터 현재에까지 걸쳐서 헤일 수 없을 정도의 많은 사람들이 전지 전능한 신이 인간을 구제하기 위해 계획을 세웠다고 믿고서 살아왔다. 이 계획에 참가한 신의 아들은 모든 것을 창조하고 지배하는 놀라운 권력을 가지고 있었다.

몇 세기에 걸쳐서 종교는 유럽 국민의 귀의 본능을 충족시키는 주된 수단이었다. 그후 종교는 힘을 잃고, 국가주의가 나타났다. 사람들은 국가의 중요한 일원이 되는 것에 의해 개인의 힘과 중요함의 감각을 얻기 시작했다.

귀의 본능이 채워지지 않을 때의 결과는 심각하다. 우선 최초의 반응은 실망과 낙담이다. 때때로 무지하고 악의를 가진 사람은 이 사람들을 마음대로 농락한다. 선동 정치가는 이 사람들을 움직일 수가 있다. 정신과 양심을 마비시켜 언제나 위험을 축적시킨다. 아돌프 히틀러는 귀의 본능이라고 하는 말을 들은 적이 없었으리라. 그러나 그는 그것이 존재하는 것을 알고, 어떻게 그것을 키우는가를 알고 있었다. 좌절된 독일 국민에게 나치즘에 관여함으로써 중요한 일원이 될 수 있다고 가르치는 데 성공하여 세상을 온통 공포 속에 휘몰아넣었다. 그 결과 독일 사람 뿐만 아니라 전인류가 유사이래 최대의 비극을 맛보았던 것이다.

이 교훈의 가르침은 명백하다. 위대한 국민에게 문명의 벽을 헐어내리라고 설득할 수 있는 욕구가 강력하다는 것이다. 그리고 사람들과 교제하지 않으면 안 될 우리들은 이 욕구에 대해서 알아두는 편이 좋다.

이 비극은 현재 아직 끝나지 않았다. 힘과 미래가 있는 어떤 운동에 참가하고 싶다는 욕구는 여전히 계속되고 있다. 우리들이 이 욕구를 안전하게 더구나 정직하게 채울 수가 있을 때까지는 언제나 위험 속에 있다.

귀의 본능이 채워졌을 때, 인생은 의의 있고 목적 있는 것이 된다. 사람들의 의기는 드높아진다. 살아갈 목적을 가지고 그 목적만을 향해 나아가기 때문이다.

사람들을 재빨리 평가하는 데는 그 사람이 어떻게 해서 귀의 본능을 만족시키려고 하는가를 찾아내는 게 좋다. 만일 신봉하는 운동이 혐오와 허언으로 굳어져 있다면, 그 사람은 주의해야 할 인물이며, 만일 그것이 지적으로도 도덕적으로도 건전하다면 훌륭한 인물이다.

우리들은 남을 만나기 전에 이미 그들에 대해 많은 지식을 가지고 있는 셈이다. 그것은 원만한 인생을 보내기 위해 모두

가 기본적인 욕구를 가지고 있기 때문이다. 그러한 욕구란 다
음과 같다.

① 육체적 욕구

② 다른 사람과 사귀고, 그들의 주의와 동의를 얻고 싶다고
하는 욕구

③ 사랑을 하고 사랑을 받고 싶어하는 욕구

④ 보다 크고 강하고 영속하는 것의 일원이 되고 싶다는 욕
구

제8장

누가 권력을 가지고 있는가

여러분의 사무실, 노동조합, 집회소, 교회, 가정내에서 누가 제일 위대한 사람일까? 다시 한 번 고쳐 생각하기 바란다.

바그레이 교수의 경우를 생각해 보자. 동부의 어느 조그마한 대학 교수에 임명된 그는 전직을 그만두고 가족과 함께 이 거리로 이사해 왔다. 부임 후, 1주일 만에 학장은 그를 불러 임명이 취소되었다고 전했다.

바그레이 교수는 화를 내었을 뿐만 아니라, 아주 당황했다. 그의 자격에 대해 문제가 될 것은 없었다. 아무한테도 비난받았던 일은 없었다. 학장은 자기 친구들 중에 직업을 구해 주어야 할 사람이 생긴 것도 아니다. 그럼에도 불구하고 교수를 채용할 수 없다고 말했다. 그 이유에 관해서 학장은 이렇다 할 아무런 설명도 하지 않았다.

문서에 의한 계약도 주고받지 않았으므로 교수는 반발의 여지도 없었다. 그는 그 뒤 이유를 듣기 위해 다른 교수를 찾아다녔다.

드디어 알아낸 사실은 학장이 진짜 학장이 아니었다는 것이었다. 진짜 학장은 바로 대학과는 전연 관계가 없는 학장의 부인이었다.

학장의 부인은 학장보다도 수완에 있어서만은 강했다. 아이들은 이젠 모두 자라서 따로 살았다. 일이 한가한 그녀는 대학일에 간섭하기 시작했다. 그녀는 바그레이 교수를 만난 뒤, 그가 적당치 않다고 단정하고 그녀의 남편에게 간섭하여 임명을 취소하도록 종용했었다.

그런데 나는 어째서 이 이야기를 여기에 끄집어냈을까? 어째서 이 이야기가 도움이 된단 말인가?

거기에는 그럴 만한 이유가 있다. 그럼 그 이유를 살펴보자.

바그레이 교수는 권력 제도에 휘말렸던 것이며, 누구든지 때로는 이런 입장을 당한다. 만일 사람들과 잘 사귀려고 한다면 이 사실을 이해하지 않으면 안 된다. 직함을 가진 사람이 반드시 참다운 힘을 가진 사람은 아니라는 것이다. 이 사실은 사무실이건, 교회이건, 정계이건, 사교계이건, 모든 집단에 대해서 말할 수 있다. 사물은 모두 겉모양만으로는 판단할 수 없다.

그래서 남과 잘 사귀려면 관계하는 집단의 권력 관계를 확실히 이해할 일이다. 일을 찾고 있을 때, 누가 선두에 앞장서서 실제로 힘이 되어주겠는가? 누구의 도움이 무력하고, 누구의 도움이 결정적인 힘을 가지고 있는가를 알 필요가 있다.

가령 여러분이 소속하고 있지 않은 집단에 관해서도 이 사실을 아는 게 중요할 경우가 있다.

때로는 누가 훌륭하고, 누가 훌륭하지 않은가가 명백한 때가 있다. 단체에 따라서는 권력과 권위의 계급이 확실하게 표시되어 있다. 군대에서는 장(將)자가 붙은 계급이 제일 위이고, 다음에 여러 계급의 장교가 있고, 그 아래에 하사관이 있으며, 또한 그 아래에 병사가 있다.

로마 가톨릭교에서는 교황이 최고의 지위에 있고, 그 아래가 추기경(樞機卿), 그 아래가 사제(司祭), 그리고 일반 신도라고 하는 순서가 된다.

학교에선 교장, 선생, 학생 이처럼 순위가 결정되어 있다.

회사에선 제일 위가 사장이고, 다음이 부사장이나 전무, 그 다음이 부장이나 공장장, 과장, 반장, 공원이라고 하는 순서가 된다. 물론 연구원 등과 같이 지위가 그렇게 확실히 정해져 있지 않은 직원도 있으나, 일반적으로 말해서 위에 서술한 단체 가운데서는 분명히 공식적 계급이 있고, 모두가 그 계급이 무엇인가를 알고 있다.

그러나 이 서열이 어떠한 모든 경우에 다 부합된다고는 말할 수 없다.

바그레이 교수의 경우, 교수들이나 동네 사람들의 대부분은 사정을 알고 있었다. 그들이 무언가 학장의 힘을 빌릴 일이 있으면, 우선 부인한테 먼저 갔다. 만일 그녀의 승인을 얻을 수 있다면, 학장의 승인을 얻을 수 있는 것과 똑같은 일이었다.

이와 같은 상태는 흔히 있을 수 있다. 미국 시정(市政)의 대부분의 공식적인 장은 시장이다. 그러나 실제의 장은 아무런 공적 지위도 없는 정치 보스인 경우도 있다. 로마 가톨릭 교회

의 역사에서는 샤레만 대제라든가 프랑스 국왕이라든가 하는
일반 사람이 교황보다도 더 권력을 가졌던 일이 있었다. 역사
에는 공식적인 지위가 없는 사람들—임금의 이발사, 대통령의
친구—이 고관들보다도 강한 권력을 가지고 있었던 예가 허다
하다.

　민주적으로 운영되어야 할 자주 단체의 지도자는 종종 자기
권력이 지위에 비해 그렇게 강하지 않다고 하는 곤란한 문제에
부딪친다. 가령 정치 지도자의 문제를 생각해 보면 잘 알 것
이다. 군대의 사령관은 명령을 내릴 수가 있다. 그러나 정치
지도자의 경우는 선거에 이기지 않으면 안 된다는 어렵고도 돈
이 드는 일을 짊어지고 있다. 그러나 그는 이 사람 저 사람에게
일하라든가, 돈을 지불하라 라고 명령할 권력을 가지고 있지
않다.

　성공하기 위해선 무슨 방법으로든 원조를 얻지 않으면 안
된다. 따라서 영향력과 돈을 가지고 있는 사람을 이용한다. 어
느 경우에서는 지킬 수 없다는 것을 잘 알면서도 약속을 하기
도 하고, 독직(瀆職)에 의해서 필요한 원조를 빼앗아내기도
한다. 이 고역은 정치가에게만 국한된 게 아니다. 교회의 무보
수 전도위원회의 장, 물가고 속에서 매월 다액의 급료를 지불
하지 않으면 안 될 대학의 학장…… 그들도 또한 똑같은 수단
에 의존하지 않으면 해낼 수 없다. 그러므로 결코 종교 단체나
교육 기관의 이사를 정치가라고 말하며 경멸해서는 안 된다.
정치가가 되지 않고선, 그들은 자기의 직무를 감당할 수가 없
을 것이다.

권력 순위 중의 위치

이와 같은 비공식적인 지위, 위계, 권력의 순위는 정상이나 저변에 있는 사람만이 아니라, 중간에 있는 모든 사람들도 포함한다. 어떠한 집단에 속해 있던, 비공식적인 위치는 권력 순위 중의 위치라고 불리워진다. 한 무리 속에 있는 닭은 확실한 힘의 순위가 정해져 있어 바로 그것을 지키고 있음이 널리 알려져 있다.

자기 위치, 남의 위치를 아는 것은 다른 사람과 사귀는 데 그 정도를 알 수 없을 만큼 도움이 된다. 잠시 동안 단체에 소속하고 있으면 누가 어느 정도 '훌륭'한가를 알아차릴 수가 있을 것이다. 새로운 집단에 속하게 되면, 누가 어느 정도 훌륭한가를 살피지 않으면 안 된다. 그렇게 하면 자기 자신의 목적을 수행하기 쉽게 될 것이다.

재미있는 것은 확실한 조직이 없는 집단이라도 권력 순위가 있다는 것이다. 어느 동네에서는 명사의 사회 기구가 어느 미망인에 의해서 지배되고 있다. 그녀는 누가 훌륭하고 누가 훌륭하지 않다는 것을 결정하여 그녀의 독재를 어기는 사람을 사회적으로 쓸모없게 매장해 버릴 수가 있다.

어떤 사무실에서는 비서가 권력을 가지고 있다고 한다. 어떤 이유에선지 지배인에게 영향을 주고 있기 때문이다. 그녀가 중재에 들면 만사가 잘 해결되고, 불만스레 생각하면 일이 잘 안 된다.

이 사무실에서는 지배인이 무시되어 있기 때문에 그의 권력 순위는 낮다는 것을 알 수 있다. 그는 큰 소리로 외쳐대고, 화를 내어 명령을 하지만, 그 누구 하나 그렇게 주의를 쏟지 않

는다. 아마도 그는 오랫동안 사무실의 지배인 위치에 머무를
수가 없을 것이다.

또 한 가지 주의하지 않으면 안 되는 일은 사람의 권력 순위
는 단체에 따라서 달라진다는 사실이다. 예를 들면, 교회의 장
로회에서는 임금님과 같은 존재로 그 사람의 말에는 모두가 복
종과 존경의 마음을 가지고 경청한다. 그러나 상점이나 사무실
에서 그는 모든 사람들에게 호감을 얻고 있는 '조 아저씨'에
불과할는지도 모른다.

무엇이 권력 순위를 결정하는가

어째서 어떤 사람이 권력 순위 가운데서 그 지위를 차지하고
있는가를 문제삼는다면, 대답은 반드시 용이하지만은 않다. 예
를 들면, 동네에서는 명사의 장(長)인 다웨자아 부인은 다른 사
람만큼 부자는 아니다. 게다가 불유쾌한 인물로 미움을 받고
있다. 그렇건만 사람들은 어째서 그녀를 우러러 받드는가.

비그 씨는 그 지방의 교회를 사실상 운영하고 있으나, 그만
큼 일을 하고 있지도 않고 다액의 헌금을 하는 것도 아니다. 그
는 또한 누구 하나 사람들을 붙잡고 있는 것도 아니다. 그래도
교회 신도들은 양떼처럼 그를 좇는다. 어째서일까?

전부를 명백히 하는 것은 어려우나 몇 개의 원인은 찾아낼
수가 있다.

공적 지위

이것은 언제나 힘이 된다. 무손리니 총통하에서는 국왕은 힘

을 가지고 있지 않았지만, 무솔리니 곁이 아니면 가질 수 없는
지위는 가지고 있었다. 정치 보스의 손발인 시장은 보통 시민
으로서 보다도 강한 힘을 가지고 있다.

권력의 자리에 있는 사람의 후원자

많은 사람들은 상사의 마음에 들어서 높은 지위를 얻고
있다. 루이센코는 스탈린에게 후원받고 있는 동안 러시아에서
과학계의 권위자 행세를 하며 지냈다. 중요한 지위에 있는 사
람의 마음에 들게 되면 누구나 쉽게 높은 자리에 오를 수 있다.
우리들은 누구든지 친구들을 돕고 싶은 마음을 가지고 있다.
높은 지위에 있는 사람이라 할지라도 마찬가지이다.

이에 관해서 재미있는 연구가 행해졌다. 집에 가방을 들고
돌아가는 1000명의 광고 회사의 간부 가운데, 3분의 2는 집에
돌아가서는 일을 하고 있지 않았다. 상사들도 이 사실을 알고
있었다. 그러나 가방을 가지고 돌아가는 것은 할 생각이 있는
것을 나타낸다고 생각했다. 따라서 가방을 가지고 돌아간 사람
은 가지고 돌아가지 않은 사람에 비해서 명백히 승진의 가능성
이 높았다. 권력의 자리에 있는 사람의 후원이 중요함을 잘 나
타내는 한 가지 예이다.

권력의 자리에 있는 사람을 싫어하는 것

권력의 자리에 있는 사람의 반대에 의해서 면직이 된다거나
승진의 기회를 잃는 사람이 있다. 더욱이 위에 있는 사람만이
아니라, 부하가 이 역할을 담당하는 일이 있다. 아이들의 일단

이 어떤 선생을 싫어한다고 하자. 아이들이 문제를 일으키므로 그 선생에게는 능력이 없는 것이라고 임원들은 생각한다.

또한 사무실의 집단이 지배인에게 보복을 하려고 한다. 그들은 지배인의 명령에 고분고분 따르지 않는다. 그 결과 지배인은 면직이 된다. 때로는 이와 같은 반항이 올바른 경우도 있다. 또한 때로는 위에 있는 사람이 너무 정직하고 지나치게 양심적이어서 부하의 반대를 일으킨다고 하는 경우가 있기도 하다.

권력 세습

여러 가지로 연구된 결과, 금력으로는 미국의 상류 사회에 발을 들여놓을 수 없다는 것이 명백해졌다. 사람들은 그 부류에서 태어나든가, 혹은 결혼에 의해서 그 사회로 들어간다. 회사 직함의 경우엔 더욱 개방적이라고 말할 수 있다. 사장의 아들은 후계자로서 가장 우선적으로 들어갈 수가 있다. 그는 일찍부터 사업에 대해서 배울 기회를 가지고 가장 긴밀한 접촉을 가진다. 따라서 그가 바란다면 최고의 지위를 얻을 수 있다.

행운의 혜택을 받는다

행운이라는 것은 타이밍이 좋으면 중요한 역할을 한다. 할리우드의 스카우터가 유명한 스타의 연기를 보기 위해 극장에 온다고 하자. 우연히 그 스타가 몸이 아파 무명의 대역이 아주 훌륭한 연기를 해보인다. 그 대역은 언젠가는 재능을 인정받겠지만, 만일 당일 출연하게 되어 있는 스타가 하루 늦게 병이 났더라면, 그 대역의 영화계 진출은 결국 늦어졌을 것이다. 어떤 사람은 아주 적당한 때에 공석이 있었으므로, 똑같이 잘할 수 있는 사람이나 더욱 잘할 수 있는 사람보다도 훌륭한 지위로 빠르게 출세할 수가 있었다.

그러나 주의해 두고 싶은 것은 남의 성공을 간단히 행운의 덕택이라고만 단정해 버리지 말라고 하는 것이다. 가령 행운 때문인 듯 보일지라도 실제로는 그렇지 않은 경우가 있다. 그 성공은 충분한 계획과 단련된 기능의 결과인지도 모른다. 어떤 사람이 나의 이웃 사람에게 말했다.

"나는 당신과 같이 훌륭하게 꽃을 기르려고 노력했으나, 당신처럼 행운을 입지 못한 것 같습니다."

나의 이웃 사람은 웃었다. 그는 20년 이상이나 꽃을 재배해 왔다. 특별한 종류의 비료를 써서 토양 준비를 하고 있다. 자기 아들처럼 귀여워하며 이제까지 재배해 온 종자를 선택하고 있다. 약을 주고, 잡초를 뽑아내고, 소중하게 기른다. 땅도 삽으로 파 덮고, 카탈로그에 나와 있는 종자를 주문하여 심은 사람과는 정말 다르다.

행운의 사람이란, 평소에 준비를 갖추고 기회가 도래했을 때에 곧바로 그것을 움켜 잡는 사람을 말한다.

집단에는 숨겨진 권력 구성이 있다. 겉으로 보이는 권력이란 반드시 실제의 권력이라고는 할 수 없다. 진짜 보스는 아무런 직책도 없는 사람일지도 모른다.

　직책에 관계없이, 때에 따라서는 직책과는 전혀 반대로 집단 내에서는 모두 권력 순위 중에 있다. 권력 순위 중에서 자기 위치를 살펴보아라. 여러분은 어느 사람을 따르지 않으면 안 되는가, 그리고 어느 사람이 여러분에게 따르지 않으면 안 되는가, 이것을 안다면 사람들과 사귀고, 사람들로부터 무엇을 기대할 수 있는가를 아는 데 도움이 될 것이다.

제4부

어떻게 사람을
평가할 것인가

섣불리 타인을 판단함은
언제나 옳지 못한 일이다.
그것은 누구를 막론하고
결코 타인의 마음 속에 일어난 일,
또는 일어날 일을 알 수 없기
때문이다.

제9장

외면으로부터의 평가법

　사람들과 잘 사귀는 일은, 어느 정도로 그 사람에 대해 알고 있는가에 크게 좌우된다. 그러나 보통 때의 접촉으로 이것이 가능할까?

　어느 사항에 대해서는 남을 평가할 수 없다 하는 과학적 증거가 많이 있다. 경험있는 고용주가 면접에서 응모자를 평가하는 능력에 대해서 많은 연구가 행해졌다. 그 연구들은 모두 같은 결과로 나와 있다. 그것은 공통점이 없다고 하는 것이다. 고용자 A에 의해 가장 좋다고 평가되었던 사람이 고용자 B에게는 가장 나쁘다고 평가되는 경우가 있다. 가령 신용 조사원에 대한 H. W. 헤프너 교수의 연구에 의하면, 3200가지 예의 면접에서 3분의 1이 틀린 게 명백해졌다. 게다가 미경험자가 경험자와 같은 정도의 성적이며, 양쪽 집단이 다 경험있는 고용자보다도 좋은 것을 알았다. 경험이 있는 고용자의 경우, 10가지 중 4가지까지 틀려 있었다. 한편 '과학적 면접'을 전문으로 하는 회사에서는 비교적 짧은 면접으로 장래성이 있는 세일즈맨을 매우 정확히 선택할 수 있다고 상상된다. 게다가 대부분의 사람들의 성격을 전부 드러나게 하는 실마리가 있다. 사람들이 가령 성질을 숨기려 해도 그들에 관해서 아는 방법이 있다. 잠깐 동안의 대화로도 전혀 모르는 사람도 단서를 내주는 것이다. 만일 주의하고만 있다면.

내가 말하는 것을 설명하기 위해 잠깐 실험을 해보자. 우선 내가 네 가지 행위를 들겠다. 다음에 그 행위에 의해서 무의식적으로 사람들이 표현하려고 하는 것을 들겠다. 어느 행위가 무엇을 나타내려고 하는 것인가를 맞춰보기 바란다.

① 그는 언제나 남을 헐뜯고 있다.
② 그는 언제나 자기를 헐뜯고 있다.
③ 그는 언제나 다른 사람은 바보이고 자기라면 얼마나 잘할 것인가를 떠벌리고 있다.
④ 그는 공격을 당하거나, 또는 비방을 당하는 다른 사람을 변호한다.

① 그는 자기를 과소 평가하고 있다.
② 그는 자기의 자만심이 마음에 걸려 겸손을 가장하여 그것을 숨기려고 한다.
③ 그는 어려운 일을 이야기하지만, 그 내용을 모르고 있다.
④ 그는 좋은 친구가 될 소질을 가진 사람이다.

여러분이 그 다루는 법을 안다면, 조그마한 행동이나 이야기로도 사람들에 대해서 많은 것을 알 수가 있다. 우선 외관을 사실과 구별하는 것을 배우는 일이다. 상표만으로 판단해서는 안된다. 사람들은 누구나 적어도 네 가지의 자기를 가지고 있기 때문이다.

네 가지의 자기

겉으로 나타내는 자기

이것은 외견상의 자기이다. 이 경우 사람들은 속담에 있는 것처럼 '제일 좋은 면을 앞에 내놓는다.' 불유쾌하고 바람직하지 못한 기질은 숨기고, 유쾌하고 슬기로우며, 기지에 넘쳐 매력있는 것으로써 자기를 나타낸다. 어느 연구에 의하면, 대부분의 사람들은 '고상한' 잡지를 읽고 있다는 것을 알았다. 이에 의하면 〈애트랜틱 먼스리이〉라고 하는 잡지는 매우 독자가 많아서 실제보다 여섯 배의 발행 부수를 찍고 있다. 이 경우로 보면 값싼 잡지는 전연 팔리지 않는다는 게 된다(그러나 무의식 중에—6장에서 말한—자기를 실제보다도 나쁘게 보이려고 하는 사람도 있다). 그러므로 사람을 대중들 앞에서라든지 사교장에서 겉으로 나타나 있는 태도에 의해서 판단해서는 안 된다고 하는 것이다.

상상하고 있는 자기

대부분의 사람들이 자기를 실제보다도 훨씬 영리하고 도덕적이라고 생각하고 있다.

자기를 속이고 있는 사람은 쉽게 찾아낼 수 있으므로 귀찮지는 않다. 정말로 귀찮은 것은 자기가 가짜인 본인이라는 것을 모르는 경우이다. 밖에 나타난 것과 같은 인간이라고 믿고 있는 가짜일 경우인 것이다. 이와 같은 사람을 바로 발견하려면 두 번이고 세 번이고 잘 관찰하지 않으면 안 된다.

어리석은 사람은 다른 사람이 알아주지도 않지만, 자기는 천재라고 생각할는지도 모른다. 재미가 하나도 없는 사람이 자기는 명랑한 성격의 소유자라고 생각할는지도 모른다. 악의에 가득 찬 사람이 자기는 마음이 온후한 사람이라고 믿는 일이 있다.

다른 사람이 보는 자기

자기를 어떻게 표현하느냐는 상대방 나름이다. 간단하게 말해서 우리들을 기쁘게 하는 사람은 가치가 있고, 고귀하게까지 보일 수가 있다. 반대로 우리들을 곤경에 빠뜨린다거나, 위협한다거나 하는 사람은 좋지 않은 사람으로 보인다.

개를 두고 말한다면, 고양이란 놈은 겁쟁이에다가 나약한 좀것이고 쫓겨다니기만 하는 대상으로 반영된다. 그러나 쥐란 놈한테는 고양이는 두려워할 수밖에 없는 강적으로 보일 것이다. 그러나 다른 한 마리의 고양이에게는 그 고양이는 유쾌한 친구거나, 혹은 경쟁 상대자로 보일 것이다.

마찬가지로 한 청년을 두고 보더라도 낭만적이어서 훌륭하다고 생각되는 소녀가 있는가 하면, 싫증이 나서 귀찮게 생각되는 소녀도 있다. 그 청년은 또한 선생에게는 얼간이로 보이고 아우에게는 신과 같은 존재로 보일는지도 모른다.

실제의 자기

겉으로 보이고 있는 자기, 상상하고 있는 자기, 다른 사람이 보는 자기에게도 해당되지 않는 사람은 어떠한 인간일까? 우리들은 어떻게 그것을 명확히 알 수가 있는가?

완전하게 알 수는 없으나, 만일 자기에 대한 이상의 네 가지 생각에 틀림이 있다고 알게 되면, 우리들의 출발은 잘못되지 않았다. 그럼 인격을 알기 위해 쓰이는 판단의 기초에 대해 검토해 보자. 어떤 것은 다른 것보다 효과적이며, 개중에는 전연 도움이 되지 않는 것도 있다.

다음 장에서는 어떻게 하여 내부로부터 사람을 평가할 것인가에 대해 이야기하겠다. 즉 감정이나 욕구에 의해서 사람을 평가하는 방법이다. 그러나 지금은 사람을 밖에서 판단하는 방법에 한정하자. 여러분은 사람들이 말하거나 행동하는 것으로 많은 것을 알 수가 있다.

올바로 판단하는 법

광고와 광고 문구에 현혹되지 마라

정치에 관해서는 어느 정당 또는 어느 후보자가 남보다 정말로 뛰어났다고 느낄 수가 있다. 그러나 그 때 사람들은 '파는 기술'을 바탕으로 하여 판단을 내리지 않을 것이다. 정당을 알기 위해서는 정치 강령이 그다지 도움이 되지 않는다는 것을 알고 있고, 후보자를 판단하는 데는 그들의 연설이나 약속에 의존하지 않는다.

그러나 다른 분야에서는 '파는 문구'에 바탕을 두고 판단하는 경향이 있다. 바로 이 단체라고 단정한다면, 그 이상의 증거를 캐지 않고서 헌금한다. 교회를 판단할 때에는 그 가르침에 의해서 판단을 내리고, 학교를 판단할 때에는 공언된 목적에 의해서 판단을 내린다. 또한 물건을 살 때에는 광고에 의존한다. 특히 그 물건의 좋은 점을 듣게 된다면, 더욱 그것을 신용한다. 마찬가지로 사람을 있는 그대로 받아들이는 것은 쉬운 일이다. 사람을 고용하는 경우에도, 취직하는 경우에도, 상대방은 이것저것 좋은 점을 열거하나 실제로 채용해 본다거나 취직해 버린 뒤에 후회하는 경우가 종종 있다. 남과 잘 사귀려면 파는 사람이 주장하는 좋은 점을 무시하고 객관적인 실적을 아는 것이다.

외관과 간판에 사로잡히지 마라

딱 벌어지고 견고한 턱을 가진 사람은 강한 의지의 소유자라고 자주 이야기들을 한다. 이 양자는 전연 아무런 관계도 없다. 또한 움푹 들어간 턱은 성격의 나약함을 나타내는 것일까? 이것 또한 아무런 관계도 없다. 또한 인상적인 목소리의 소유자는 지혜를 나타내는 것일까? 이것도 관계가 없다.

〈독약과 노부인〉이라는 연극이 있다. 이 연극은 살인자인 두 온화한 노부인의 이야기다. 이 연극의 볼 만한 장면은 친절하고 겁쟁이인 줄만 알았던 두 사람이 사실은 잔인한 악인이었다는 장면이다.

부드러운 목소리로 이야기하는 사람은 경건한 사람이라고 생각되기 쉽다. 어느 교회에 나가고 있던 매력있는 부인이 실은 사기꾼이었다는 것에는 모두가 놀랐다. 놀라움의 이유라고 한다면, '그녀가 너무나도 아름다운 목소리로 기도를 했기 때문'이라는 것이다.

아름답고, 매력적이며, 특히 몸집이 작은 여성은 천박하고, 아둔하여 손을 댈 수가 없다. 이와 같은 것이 믿어지는 것일까? 실제로 불면 날듯한 믿음직하지 못한 아이가 뛰어난 능력을 가진 영리한 아이인지도 모른다. 그러나 그 사실을 누군가에게 믿게 하려고 생각한다 해도 어려운 일이다.

여기에 첨가해서 말해 두자. 축구 선수는 대체로 아둔패기는 아니다. 아마도 그들은 일반 학생들과 지적으로는 별로 차이가 없다. 그렇지 않으면 학교 공부 외에 축구 시합을 한다거나, 연습을 할 시간이 없었을 터이다.

이제까지 이야기한 것은 개인적인 성격의 판별이라고 하는 것이다. 이밖에 집단의 판별이라고 하는 것이 있다. 소수 집단에 속하는 사람은 보잘것없는 인간이라고 생각되어진다. 그러나 반드시 그렇지만은 않다. 이와같이 종족 집단을 판에 박은 듯 규정지어 버리는 것은 때때로 적의에 바탕을 두고 있는 경우가 많다. 그러므로 사람을 개인으로서 판단할 만한 예의가 바람직하다. 그렇게 하면 상대방에 대해서 공정할 뿐만 아니라, 사람을 평가하는 데도 잘못을 적게 할 수 있다.

틀에 박힌 형식의 평가를 버린 뒤에도 겉모습만으로 판단하는 것은 좋지 않다. 어떤 신문이 미합중국 대심원의 재판관 아홉 사람의 사진과 흉악범 아홉 사람의 사진을 뒤섞어서 이름을 쓰지 않고 인쇄하여 독자들에게 분별하도록 했다.

그 결과 예상했던 대로 아무도 올바로 맞출 수가 없었다.

집단의 틀에 박힌 형식은 무언가의 도움이 된다. 직업의 종류 같은 것은 일반화된 판단이 가능하다. 목사나 변호사라면, 그 사람은 아마도 보통 사람보다 연설이 능란할 것이다. 정치 방면에 자상한 사람은 사람의 이름을 외우는 데에 뛰어났을 것이다.

연령층은 비교적 정확한 판박이를 제공한다. 스무 살이 아직 안 된 사람이 결혼하는 것은 위험하고, 노인은 청년보다도 인생을 보수적으로 본다.

특정한 집단에 대한 평가는 어느 정도는 할 수 있는 것이지만, 주의하지 않으면 안 되는 것은 모든 경우에 여러분은 잘못되었는지도 모른다는 것이다.

평판과 추천에만 의존하지 마라

만일 어떤 사람에 대해서 모를 경우에는 알고 있는 사람에게 묻는다. 이것은 이치에 맞는 것처럼 보이나 함정이 있다.

정직하지 못한 사람이 교회나 복지 단체의 지도자가 되어 '사회의 기둥'이라고 우러러 존경을 받는 일도 있다. 반대로 세상사람의 무지와 편견 때문에 악평을 받는 사람도 있다.

내 딸이 취직을 하기 위해 추천장을 필요로 하고 있을 때에, 한 친구가 말해 주었다.

"백부님은 훌륭한 실업가인데 기꺼이 따님의 추천장을 써주실 겁니다."

내 딸은 그 사람을 만나고 싶다고 생각하여 그의 사무실을 방문, 정중하게 안으로 안내되었다.

그는 말했다.

"어떤 것을 추천받고 싶습니까? 그것을 말해 주면 내 속기사한테 쓰게 하겠습니다."

추천장은 누구나 써 받을 수 있다. 그러므로 만일 누가,

"강력히 추천합니다."라고 쓴 추천장을 가지고 왔을 경우, 추천자가 얼마만큼 본인에 대해서 알고 있는가가 문제이다. 두 사람의 교제 횟수는 아니다.

아무리 여러 해 동안 사귀어 왔다 해도 당사자가 그 자리에 적당한지 어떤지를 알고 지내는 교제 방법이 아니면 아무런 도움도 되지 않는다.

뉴욕의 은행에 남 캐롤라이나 주의 찰스턴에서 온 응모자가 있었다. 청년은 자기 동네 은행장의 추천장을 가지고 왔었다.

"나는 K씨를 진심으로 추천합니다. 그의 집안은 브로드가 서쪽에서 5대에 걸쳐 살아오고 있으며, 4대에 걸쳐서 세인트 마이켈 교회 그리고 세인트 세실리어 협회 회원이었습니다. 은행이라면 이와 같은 가계의 사람에게 일을 시키는 것을 행운으로 생각하시겠죠."

뉴욕의 은행에서는 추천장을 쓴 찰스턴 은행장에게 감사를 했으나, 청년을 은행에 채용하고 싶다고 생각한 것은 가계를 언급한 것 때문이 아니라고 덧붙였다.

추천을 첫째로 생각하기 전에 추천자의 관심을 알 일이다. 그가 어느 점을 강조하고 어느 점을 뉘우치고 있는가를 특히 주의해야 한다. 만일 중요하지도 않은 것을 끄집어 내놓고, 반면에 매우 중요한 것을 빠뜨리고 있다면, 그렇게는 신용이 가

지 않는다.

추천이 커다란 효과를 발휘하는 것은 그 분야에서 유능한 사람에 의해 쓰여진 경우이다. 보통 사람들은 환자한테 예의 바른 의사를 훌륭하다고 생각할는지도 모르지만, 동료 의사들끼리는 누가 유능한가를 잘 알고 있다. 건축가를 평가하는 데는 건축가에게 물으면 되고, 무엇이나 제각기 그길의 전문가한테 물으면 된다. 어느 것이나 여러 사람에게 묻고서 평균을 취할 일이다.

사람을 채용할 경우, 이밖에도 방법이 있다. 고용 또는 승진 때문에 상당수의 사람을 추리지 않으면 안 될 경우 표준화된 시험이 매우 효과적이다. 시험도 완전하다고는 말할 수 없지만, 경험있는 관리자의 추측보다는 훨씬 낫다. 특히 특별한 성질을 가려내는 경우에는 그렇다. 어느 운수 회사에서는 사고를 일으키기 쉬운 응모자를 사전에 발견하는 시험에 의해서 3개월 동안에 사고율을 70퍼센트 적게 했다. 어느 공공사업회사는 실패를 3분의 2 정도 적게 했다. 또한 다른 회사는 이전의 6분의 1로 감소시켰다. 시험은 또한 적극적인 면에도 효과가 있다. 시험을 승진의 유일한 기초로 해선 안 되지만, 장래성이 있는 사람을 발견하는 데에 상당한 도움이 된다. 패시픽 라이팅사는 3분의 1에 해당하는 전선 관리자를 시험에 의해 뽑았다.

두번째 방법은 특별조사이다. 추천장에 의문을 가진 회사에서는 특별한 조사원을 쓰고 있는 데도 있다. 조사원은 대상이 되는 사람이 어떠한 인물인가를 조사하는 이외에 그가 어떤 버릇을 가지고 있는가. 예를 들면, 눈에 띄게 화려한 생활을 하고 있지 않은가, 화려한 아내를 데리고 있지 않은가, 도박을 좋아하지 않는가, 여자를 좋아하지 않는가에 대해서 조사한다.

양친이 아이의 배우자에 대해서 똑같은 방법을 쓰는 경우도 있다.

세번째의 방법은 '정밀 면접'이라고 불리우는 것이다. 영국의 국립 결혼지도위원회는 보통의 면접이 부적당하다는 것을 인정했다. 그래서 후보자를 주말에 가정 파티에 초대했다. 후보자들이 느슨해진 분위기 가운데서 어떠한 것을 지껄이고, 어떠한 행동을 하는가를 주의했다. 고용자이든, 종업원이든, 배우자이든, 친구이든, 비공식적인 장소에서 상대방을 보는 것은 사람을 평가하는 가장 좋은 방법의 하나이다.

평가의 관점

사회에의 적합성

여기에서 중요한 문제는 성격이 내향적인가 외향적인가가 아니라, '사람을 두려워한다거나, 사람의 뒤에 숨는다거나 하지 않고, 사람을 좋아하는가?'라고 하는 것이다. 그리고 '사람들로부터 위함을 받고, 존경을 받고, 또 잘 사귈 수가 있는가?'라고 하는 것이다.

사람들의 사회에 대한 적합성을 아는 것은 반드시 쉬운 것은 아니다. 표면에 나타난 것이 아니라, 가운데의 것을 보지 않으면 안 된다. 빌 굿펠로우의 경우를 생각해 보자. 그는 다섯 군데의 사교 단체에서 활발히 활동하고 있다. 그곳에서 위원을 지내고 있으며, 책임있는 지위에 앉아 있다. 외견은 사회에 제대로 잘 적합하고 있는 것처럼 보인다.

그러나 실제로는 그렇지 않다. 내심으로는 벌벌 떨며 두려워하고 있다. 그는 자기 주위에 모여든 알랑거리는 친구들을 거느리고 있다. 그러나 그들이 좋아서라기보다 사람 없이 사는 것이 무척 두렵기 때문이다. 사람들도 또한 그를 특별히 좋아하고 있는 터도 아니었다. 그가 위원이 된 것은 유명하기 때문이 아니고 바보이기 때문이다. 그가 얻는 것으로 말하면 무료 봉사에 대한 조그마한 보수뿐이었다.

반대로 몇 개의 집단밖에 속해 있지 않은 사람 쪽이 더 잘 사회에 적응하고 있는 경우가 있다. 프레드 헤링은 두셋의 집단밖에 속하지 않고, 몇 명의 친구밖에 갖고 있지 않다. 그러나 그는 사람들을 좋아하여 여러 사람들과 잘 사귄다. 자유로운 시간에는 회합에 출석하지 않고, 독서를 한다거나, 야구를 본다거나, 꽃을 가꾸며 지낸다. 프레드 쪽이 겉모양의 빌보다도 사무실의 직원을 통솔하는 데는 적합하다고 말할 수 있다.

이성에 대한 결합성

이성과 잘 결합한다는 건 이성과 건전히 그리고 만족하게 사귈 수 있는 태도와 능력을 말한다.

새로운 수컷 또는 암컷의 원숭이를 우리 속에 넣으면 굉장한 싸움이 일어난다. 인간의 경우, 이 이상으로 커다란 갈등을 일으킬 태도나 행동이 있다. 다음에 잘 결합되어 있다고 생각되는 증거를 몇 개 들어두겠다.

성은 인격의 결점을 보상하는 것은 아니다. 사무실에서 손에 닿는 대로 남자를 손에 가지고 노는 여자는 사무실 전체에 말썽을 일으키고, 가정까지도 파괴하는 일이 있다. 그러나 이와 같은 여성이 성에는 무관심하다는 것은 그다지 알려져 있지 않다. 그녀는 남성이 싫지만, 마치 야만인이 두피(頭皮)를 구하는 것과 같은 이유와 방법으로 지독한 열등감 때문에 이성을 정복하지 않고는 견딜 수 없는지도 모른다. 남편이든, 연인이든, 남성을 식권이나, 먹이 주머니처럼 생각하는 여자에 대해서도 같은 말을 할 수 있다. 콜걸은 성에 대한 흥미를 그다지 가지고 있지 않다.

자기를 플레이보이라고 생각하는 남성은, 당황하고 실망한 감정적인 아이와 같다. 결코 찾아볼 수 없는 '어머니상'을 상대로 구한다거나, 옛날 어머니에게서 느낀 증오를 상대방에게 던진다.

이성은 우선 대상으로써 받아들여진다. 나는 아내와 함께 남성과 여성의 심리, 감정의 차이에 대해서 연구했다. 이에 대해서 말할 수 있는 것은 일반적으로 믿어지는 여성상은 좋든 나쁘든 거의 잘못되어 있고, 사실이라고 하기보다 일반적인 의견에 불과하다. 성에 대해 올바른 인식을 가지고 있는 사람은 이성을 인간으로서 받아들인다. 그러한 사람은 당황하거나, 바보 노릇을 하거나 하지는 않는다. 이성과의 결합이란 증오, 노여움, 경멸, 적의, 착취의 기분을 간직하고 있는 상대자를 받아들이는 것이다.

내가 끄집어낸 도덕 기준의 문제—사람들은 누구나가 자기의 도덕 기준이 무엇이며 어째서 그런가—를 확실히 분별하지 않으면 안 된다. 이 점을 혼동하면 이성과의 결합에 갈등을 일으켜 생활의 다른 면에도 악영향을 끼치게 된다.

육체적인 자아를 사랑함은, 신(神)에 대한 믿음을 사악하게 만든다. 자기 자신과 모든 사람 속에 다같이 존재하는 정신을 사랑함은 신을 사랑함을 의미한다.

부부간의 적합성

부부가 잘 결합되어 있다는 것은 반드시 그 사람이 모든 사람과 사귈 수 있다는 것을 보증하지는 않으나, 한 가지 좋은 조건이기는 하다. 결혼은 일종의 긴장 상태이다. 이 긴장에 견디는 능력은 다른 사람과 잘 사귈 수 있는 능력이 있음을 나타낸다.

한편 이 점에서의 실패에 대해서는 충분히 생각해 볼 필요가 있다. 결혼 생활에서 실패한 것이 다른 사람과 잘 교제하는 데 부적격한 이유는 아니다. 배우자가 어떠한 사람이었는지도 모른다. 또한 서로 용납되지 않는 면이 너무나 많아서 이혼이 유일의 현명한 해결이었는지도 모른다. 그러나 대부분의 경우, 결혼의 실패는 당사자에게 무언가 부족한 것 — 성격이나, 감정의 안정성 따위, 다른 인간 관계에도 영향이 있는 것 — 이 있음을 나타낸다.

부모임을 즐긴다

사람을 아는 데는 그 사람이 아이를 다루는 모양을 관찰하는 방법이 있다. 자기 아이한테 신과 같은 태도로 접하는 사람은 자기가 하는 일이 올바르다고 생각하여 명령을 어기는 것은 전혀 용서치 않는다.

그러나 아이를 인간으로서 다루고 자유로이 성장하게끔 기르고 있으면, 좋은 부모라고 할 수 있다. 이와 같은 부모는 아마도 좋은 친구로도 될 것이다.

일을 즐긴다

어떤 종류의 일은 창조의 즐거움을 거의 주지 않는다. 또한 아무리 재미 있고, 의의 있는 일이라 할지라도 싫은 것은 있다. 구두닦기 한 사람이 말했다.

"구두를 닦는 것은 내 직업이다. 다른 어떤 것보다도 좋다. 자기가 하고 있는 것이 마음에 들게 되면, 사람은 자랑을 갖게 된다. 세상에서 비천한 일이라고 하는 일은 없다. 사람들이 자기 일을 좋아하지 않을 뿐이다."

사람을 평가할 경우, 어느 정도로 자기 일을 좋아하고 있는가를 알아낼 일이다.

자기 일을 좋아하지 않게 되었다면, 어째서 그 일을 바꾸지 않는가? 그 이유가 그 사람에게 도움이 된다.

생활을 즐긴다

이 사실은 중요한 시금석이다. 인간에겐 불평을 말하고 싶은 곤란이나 두통의 씨앗이 있다. 또한 인생에는 뜻하지 않았던 비극까지도 일어난다. 그러나 인생은 가치있는 생활의 풍부한 가능성을 가득히 포함하고 있다. 언제나 인생에 대해서 불만을 내뿜고 있는 사람은 인생에 대해서 이야기하고 있는 것이 아니고, 그 자신에 대해서 이야기하고 있는 것이다.

"나에게 있어서 인생은 너무 무거운 부담을 준다."라고 푸념하듯 말하는 것이다.

인생에 실패한 사람은 장사 상대자이건, 친구이건, 다른 사람의 일을 생각할 여유가 없다. 사는 것이 재미있다고 생각하는 사람을 발견했을 때, 여러분은 금광을 발견한 것이다.

다른 사람과 잘 사귀는 것은 그들을 어떻게 평가하느냐에 달려 있다. 외관, 말솜씨, 행동을 통해서 사람들에 대해 대개는 알 수 있으나, 전부를 알 수는 없다.

외관과 실제를 분별하기 위해서는 모두가 네 가지의 자기를 가지고 있다는 것을 알지 않으면 안 된다.

① 겉으로 나타내는 자기
② 상상하고 있는 자기
③ 다른 사람이 보는 자기
④ 실제의 자기

사람을 평가하는 여섯 가지 확실한 판단의 기초는,

① 사회적 결합
② 이성과의 결합
③ 부부간의 결합
④ 부모임을 즐긴다
⑤ 일을 즐긴다
⑥ 인생을 즐긴다

제10장
내면으로부터의 평가법

　다른 사람을 이해하려면, 외부에서 관찰하는 수밖에 다른 도리가 없다. 우리들은 사회적 지위에 따라서 사람들을 본다. 사람들이 우리들을 기쁘게 하는가, 곤란하게 하는가에 따라서 판단하게 된다.

　우리들은 능률이라든가, 도덕이라는 표준에 의해서 판단한다. 사람들은 예의 범절에 예민하다. 그것들이 좋은가 나쁜가 뿐만 아니라, 예의 범절이 '변했는'가, 우리와 '닮았는'가에 민감하다.

　9장에서 본 사람들의 겉모양, 언어, 행동은 남을 잘 이해하는 데 도움이 된다. 위로 치켜진 눈썹, 꽉 다문 입술, 목소리의 가늠, 손을 쥐는 법, 몸을 움직이는 법, 얼굴의 표정, 민감성이 있는가 어떤가 등등 이것들은 모두 제각기 의미를 가지고 있으

며, 해석하는 방법을 알기만 하면, 여러 가지 것을 가르쳐
준다.

그러나 이것들은 부분적이며 더욱이 비뚤어진 형상밖에 나타
내지 않는다. 사람을 전체적으로 알기 위해서는 사람의 안쪽도
보지 않으면 안 된다.

사람을 사람으로서 보는 것을 배워라

여기에 지금 당장 도움이 되는 것이 있다. 아침에 직장에 나
갈 때에 언제나 같은 신문 판매 장소에서 죠라는 사나이한테서
신문을 산다고 하자. 그러나 죠를 사람으로서 보려고 노력한
적이 있는가? 그는 20년 전 화재 현장에서 사람을 한 명 구하
고, 또 한 명을 구하려고 했을 때의 상처가 원인이 되어 불구가
되었다고 한다면 놀랄 것인지? 놀고 있어도 보험으로 먹고 살
아갈 수 있으나, 일할 수 있는 동안은 일해야 한다며 신문팔이
를 하고 있다는 사실을 알고 있는가?

다음에 버스에 탄다. 버스 운전사를 사람으로서 보면, 그는
평상시에는 볼 수 없었던 더없이 행복한 것처럼 보이는 것을
알아챌 수 있다. 그의 딸이 갓난아기를 낳은 것이다.

버스에서 내려 면도날을 사기 위해 어느 상점에 들렀다. 그
곳 점원은 명랑하고, 혈색 좋은 부인이었다. 물론 여러분은 그
녀가 예전에 외아들을 잃고, 남편이 최근 병원에 입원한 것은
모를 것이다.

사람들과 잘 사귄다고 하는 것은 죠나, 버스 운전사나, 점원
한테 웃는 얼굴로 인사하는 것이 아니라, 더욱 심각한 관심인
것이다. 그것은 다른 사람을 보는 눈의 근본적인 차이에 관계

하고 있다. 나는 사람들이 모두 죠처럼 과거에 영웅적인 행동
을 했다든가, 점원처럼 커다란 슬픔이나 걱정거리가 있다고 말
하는 것은 아니다. 그들의 사생활을 들여다보고 친구로 삼으라
고 하는 것도 아니다. 모든 면을 안쪽에서도 알아보라는 것
이다. 사람들은 모두 제각기 희망, 꿈, 걱정거리, 공포를 과거
에 또는 현재도 계속해서 가지고 있다. 무엇이나 사람의 곤란
이나 성공에 대한 장광설을 들을 필요는 없지만, 상대방을 인
간으로서 보고 있다는 것을 깨닫게 한다면, 상대방도 똑같은
반응을 나타낼 것이다.

강한 사람한테도 번민이 있다

　내적 욕구를 가지는 것은 유화한 사람, 창백한 사람, 비천한
사람만은 아니다. 성공한 사람, 강한 사람이 어쩌면 더 어려운
문제에 직면하고 있는지도 모른다. 젊은 아내가 번민을 의논하
러 가는 노부인도, 강해서 자신이 있는 것처럼 보이는 사나이
도, 소위 '큰 인물'도 모두 나름대로의 욕구를 가지고 있다. 나
는 다음과 같은 이야기를 친구한테서 듣고 강자의 인간성에 대
해 곰곰 생각했었다.

　"일요일 교회에서 목사가 무언가 깊은 번민거리를 가지고 있
는 것처럼 느껴졌다. 그는 목사 중에서도 매우 훌륭한 사람
이다. 교회 사람들은 번민하는 일이 있을 때에는 언제나 그한
테로 의논하러 간다. 그러나 그는 누구한테 의논할 수 있단 말
인가? 게다가 우리들은 그에게 보통 사람 이상의 기대를 가
진다. 그래서 나는 나로서 할 수 있는 것을 해주려고 결심
했다.

나는 월요일 아침 9시에 그의 사무실에서 만나고 싶다는 전 갈만을 전했다. 나는 드디어 그의 마음속의 문제를 끄집어내는 데 성공했다. 조수가 그를 배반하려는 것을 발견하고 고민하는 것이었다. 그 청년을 자기 아들처럼 양성해 왔으므로 섭섭한 나머지 매우 슬픈 생각을 했던 것이다. 내가 떠나려고 할 때, 그는 말했다.

'얼마만큼 감사하고 있는지 말할 수 없을 정도입니다. 우리 들 목사일지라도 때로는 인생 상담이 필요합니다.'"

동정하는 방법을 알고 있는가

사람과 잘 사귀려면 상대방의 감정을 아는 것만으로는 안 된다. 상대방과 같이 느끼지 않으면 안 된다.

곤경이나 재난을 당한 사람을 불쌍하게 생각하는 것은 비교 적 용이하다. 그러나 그들과 함께 슬퍼하는 일은 훨씬 어렵다 (이것을 심리학에서는 감정 이입(感情移入)이라고 부른다).

여러분이 만일 부모라고 가정하고, 네 살짜리 아이에겐 인생 이 어떻게 느껴질까?

마흔을 넘어도 남성들로부터 주목을 받은 바 없고, 아마 다 음부터라도 주목받을 것 같지도 않은 평범한 여성에게는 인생 이 어떻게 느껴질 것인가?

자기가 만일 비서라고 하고, 장사의 책임을 지우고 더욱이 믿고 있었던 부하한테 배신을 당한 상사는 어떠한 기분일까?

백인으로부터 많은 혹심한 차별 대우를 받는 흑인은 어떠한 기분일까?

자기가 지금 사업에 성공하고 있다고 하면, 커다란 야심을 가지고서도 그것을 실현시킬 능력이 없는 사람은 어떠한 기분이 들까?

　다른 사람에 대해서 판단할 경우, 그 판단은 종종 잘못되었다. 개중에는 사람이 어떻게 느끼는가를 알아챌 수 있는 재능을 태어날 때부터 가지고 있는 사람도 있는 듯하나, 많은 사람들은 무감각하다.

자기를 상대방 입장에 놓는 일

　상대방이 어떻게 생각하는가를 알기 위해서는 상대방의 입장에 서야 한다. 그러기 위해서는 상대방을 철저하게 알아야 할 필요가 있다. 자기를 남의 입장에 놓는 것은 쉬운 경우도 있으나, 때로는 매우 어려운 때도 있다. 왜 어려워서 동정과 통찰력과 지성을 필요로 하는가? 그것은 사람의 행동은 매우 많은 동기에서 일어나고 있기 때문이다.

　가령 도벽이 있는 아이에 대해 생각해 보자. 심리적, 감정적으로 생각되는 몇 가지의 동기를 들어본다.

훔치는 동기 열두 가지

① 훔치는 것을 배웠으므로 훔친다
　심리적으로 이 행위는 방에 들어가기 전에 발을 닦는 아이의 행위와 같다. 그는 그런 것을 배웠던 것이다.

② 동료가 압력을 넣기 때문에 훔친다
　훔치는 것이 나쁘다는 것은 처음부터 알고 있었다. 그러나 자기 동료의 기분을 손상시키는 것을 두려워하고 있다. 만일 동료와 행동을 같이 하지 않으면 맞는다거나, 동료들로부터 따돌림을 당함으로써 벌을 받게 된다. 심리적으로는 아이의 아빠가 진짜 의견을 누르고, 상사의 의견을 받아들이는 것과 같은 이치의 짓을 한다.

③ 좋은 일을 하고 있다고 생각하며 훔친다

자존심을 가지고 싶어서 훔치는 일을 한다고 생각한다. 심리적으로는 월급이 좋다는 것만으로도 어떤 일에 달려드는 때와 같은 마음으로 하고 있다.

④ 훔치는 것으로 호의를 사려고 한다

친구들의 호의를 얻기 위해, 돈을 가지고 있으면 한턱 낼 수가 있다고 생각하는 아이가 있다. 실제로는 돈으로 산 친구는 그를 경멸하는 눈으로 쳐다본다. 그러나 그 사실을 모르는지 자기에게 그렇게 믿게 하려고 하지 않는다. 심도있게 관찰해 본다면, 아이는 친구의 신망을 얻으려 노력하고 있는 것이다.

⑤ 주목을 받으려고 한다

만일 훔치는 데 성공한다면 돈을 흩뿌릴 수가 있으며, 그렇게 하면 사람들은 자기를 큰 인물이라 생각하리라고 짐작했다. 가령 훔치다가 들켜도 급우, 선생, 양친, 경찰은 그 아이의 존재를 안다. 주목을 끌고 싶은 마음이 특히 강한 아이한테는 형벌은 그렇게 값비싼 대가라고는 생각되지 않는다.

악에는 일정한 형태가 없다. 그리하여 사람들 사이에서 망설이며 부딪치게 하고 있다.

⑥ 열등감을 보상하고 있다

다른 아이들은 그를 비웃고, 무기력한 겁쟁이라고 부른다. 그는 무언가 위험한 짓을 해보이려고 한다. 그렇게 하면 그에게도 용기가 있다는 것을 알게 될 것이다. 가령 아무도 몰랐다고 할지라도 그는 자기 자신에게 용기를 증명한 것이 된다.

⑦ 성취의 기분을 맛본다

사람은 위험한 산에 오른다거나, 골프 점수가 적은 것으로 기뻐한다거나, 자기의 직업이나 취미로 훌륭한 것을 성취한다면 어째서 만족해 하는가? 훔치는 걸 성공했을 때 느끼는 성취의 쾌감은 도덕적으로는 좋지 않다 해도 감정적으로는 다른 것을 성취했을 때와 같이 만족스럽다.

⑧ 자극과 모험을 좋아한다

당신은 차를 전속력으로 달리게 하는 것이 좋은가? 어렸을 적에 높은 나무에 오른다거나, 높은 담장 위를 걷는 것을 좋아했는가? 경마에서 자기 능력 이상의 돈을 건 적이 있는가? 만일 그랬다면, 당신은 훔칠 때에 느끼는 것과 같은 종류의 감정적 자극을 얻고 있는 셈이 된다.

⑨ 마음속에 있는 그 무엇이 훔치게 한다

훔치고 싶다는 충동에 휘말리는 예이다. 전문 용어로 절도병이라고 한다.

⑩ 대등하게 되고 싶다

이 경우 훔치는 것은 보복의 한 가지 형태이다. 반드시 증오하고 있는 사람한테서 훔쳐야 할 필요는 없다. 친구, 친척, 동료한테서 훔쳐도 아무것도 다를 게 없다.

⑪ 대의명분 때문에 훔친다

군대가 적의 병영에 기어들어가 무엇이나 닥치는 대로 훔쳐온다. 로빈 훗은 부자한테서 훔쳐 가지고 가난뱅이한테 나누어 준다. 가난한 사람의 가족이 굶고 있으므로 훔친다. 우리들 보통 사람들은 이들의 대의명분이 훔치는 것을 정당화하는 것만큼 중요하다고 생각하지 않을는지도 모른다. 그러나 도둑은 거기에 대해선 아무런 의문도 품지 않는다.

⑫ 갖고 싶어서 훔친다

지금까지 예를 들어온 숨겨진 심리적 동기 가운데서 가장 단순한 것이다. 이 행동은 풀을 먹는 소나, 식탁 위의 소금에 손을 대는 사람이나 사과나무에서 사과를 따는 사람의 행동과 닮았다. 도의적으로 말한다면 매우 커다란 차이가 있지만, 심리적으로는 갖고 싶어서 훔친다는 이 사실은 이 세상에서 가장 흔히 있는 행위이다.

이처럼 내부에서 본다면 사태는 다르게 보인다. 훔친다는 것과 같은 단순한 사실이 이처럼 복잡하다는 것을 알았을 것이다. 우리들은 행위 자체에서 판단을 내리고, 그 그릇된 판단 위에 다시 다른 판단을 쌓아올라가는 경향이 있다. 지금은 아이가 훔치는 이유를 열두 가지밖에 들지 않았지만, 아마 그 갑절 정도는 들 수 있을 것이다. 그래서 이 이유들이 각각 어떤 경우에 적합한가를 모르는 한 사람들에 대해서 잘 알고 있다고는 말할 수 없으며, 또 사람들의 미래의 행동에서 무엇을 기대할 수 있나를 알 수 없고, 또한 그 사람과 어떻게 사귈 것인가를 제대로 알 수가 없다.

인간이란 지구상에서 가장 복잡하고 흥미로운 동물이다. 본능적인 충동을 잘 억제하기 위해 사람들은 자기에 대해서 엄격한 적합성을 과한다. 그들 가운데 몇 개인가는 정신 분석 의사가 몇 년이고 걸리지 않고서는 해명할 수 없는 것이다. 그러나몇 개는 동정적인 관측으로부터 해명할 수 있다. 그 열매는 클것임에 틀림없다. 지금보다도 사람들과 잘 사귈 수가 있어짐에따라서 인생이 밝게 그리고 크게 열려질 것이다.

말 속에 있는 참뜻

말로는 사실과 반대되는 것을 이야기하고 있어도, 그 태도가나타내는 것을 알아채는 건 그렇게 어렵지 않은 경우가 있다. 연인한테서 버림받은 소녀는 침대에 쓰러져서도,

"그 사람은 싫어요. 두 번 다시 만나고 싶지 않아요." 하고말하며 운다.

그러나 그녀가 말하고 있는 것은,

"나는 몹시 감정이 상했다. 그를 되돌리기 위해서는 어떤 짓을 해도 좋다."라고 하는 의미인 것은 누구나가 다 알고 있다.

또한 정치가가 반대파를 비난하고 격렬한 말씨로 여러 가지공약을 내걸 때 그가 말하는 것은,

"나는 선거에 꼭 이기고 싶소. 제발 나한테 투표해 주시오."라고 하는 것이다.

그러나 대부분의 경우, 태도로 표현된 말씨는 그다지 명확하

지 않다. 표면을 파내려가 깊이 관찰하지 않으면 안 된다. 다음에 네 가지 경우를 들겠다.

힐더에게는 아무런 부끄러운 모습도 없다. 방에 들어가자, 그녀의 웃음소리가 누구 보다도 크게 들린다. 밤이 새도록 그녀는 남성들을 붙잡고 있다. 그녀는 게임에서건, 축배에서건, 노래에서건, 주도권을 잡고 있다. 그녀는 활발하고 명랑하며 유쾌하다. 그러나 그녀에게는 어딘가 가장된 기색이 느껴진다. 그것도 그럴 것이 반대로 그녀의 감정은 다음과 같이 말하고 있는 것이다.

"나는 조금도 자신이 없으며, 행복하지도 명랑하지도 않다. 명랑한 것처럼 들떠 떠드는 것은 나의 내성적인 마음을 감추기 위해서이다. 만일 다른 사람이 내 참 모습을 본다면, 나를 신봉하지 않을 것이다. 나는 그것을 알고 있다. 그것은 나 자신 자기가 좋아지지 않기 때문이다. 그러므로 나는 다른 사람이 좋아하며, 또한 받아들여지는 사람이 되려고 언제나 긴장하고 있다.

나는 언제나 살얼음을 걷는 것 같아서 결코 마음이 안정되고, 본연의 자기가 되는 일은 거의 없다. 조금이라도 발을 헛디디면 낙오자가 되어 버린다. 내가 언제나 긴장하고, 두려워 떨며 마음속으로는 불행해 하는 것은 당연하다. 내가 진짜 나자신이 되어도 나를 받아들여주는 사람을 찾아낼 수가 있다면 하고 생각하지만."

죠의 경우에는 모두가 그를 알고 있다. 그리고 그도 모두를 알고 있다. 그는 언제나 명랑하고 친절하여 만나면 이 사람 저 사람 가리지 않고 어깨를 툭툭 치며, 사람들의 기분을 좋게 한다. 그는 사람들의 토론을 듣고, 사람들의 의견에 동의하며, 그러한 의견을 가지고 있는 사람을 현명하다고 느끼게 한다.

그러나 친절한 죠가 자기 자신에 관해선 어떻게 생각하고 있는지 살펴보자. 그의 증언은 다음과 같다.

"아이 때부터 나는 쭉 나 혼자 있는 것이 무서웠다. 나 자신의 의견을 가지거나, 나 자신의 감정을 갖는 것이 두려웠다. 인생은 이웃 사람이 있음으로 해서 비로소 어떻게 견디어 나갈 수가 있다. 내 행위는 그 때문에 지불하는 값비싼 대가이다. 이처럼 말하는 것은 나도 인간이며, 고집스러운 얼간이의 실없는 소리를 흡사 심원한 것처럼 하지 않으면 안 되는 것은 아무래도 괴로운 일이다.

때론 나 역시 외치고 싶어진다. 어째서 나는 이러한 아첨을 하지 않으면 안 되는가? 어째서 나는 남처럼 자기가 말하고자 하는 것을 무엇이나 말해도 되는 사람을 만날 수가 없단 말인가? 그런 사람을 만나지 못한다. 그러므로 나는 자기 의견을 표현하지 못한 채 인생을 쓸쓸히 겁에 질린 모양으로 살아간다. 이런 내면을 가진 나한테 참다운 친구가 생긴다면 정말 좋을 텐데."

다음에는 죠와 반대의 인간이다. 그 사람은 자기의 독립성을 자랑으로 여기고, 누구 하나 기쁘게 하려고는 하지 않는다. 반대로 그는 일부러 다른 사람을 경멸한다. 그는 무엇이나 정체를 폭로하고 누구나 헐뜯는다. 목소리에는 비웃음이 담겨졌고, 웃음에는 차가운 안개처럼 침투하는 모욕이 담겨 있다.

그러나 그는 어떤 종류의 매력도 다 갖추고 있다. 그의 가시 돋친 말씨도 듣고 있는 측에 서면, 장소에 따라 용인되고 칭찬까지 받는다.

그러나 속아서는 안 된다. 그의 진상은,

"나는 결코 고집쟁이는 아니다. 그러나 나는 매우 신경이 예민하다. 남의 괴로움이나 번민은 나의 마음속에 배어들어 나를 괴롭힌다. 나의 야유는 통증을 중화시키기 위해 엷은 피부에 생긴 살과 같은 것이다. 게다가 나는 깊이 감동하는 것을 두려워한다. 나는 나 자신을 매우 두려워하고 있다. 나는 사실은 사람들을 좋아하지만, 어떻게 하여 그들을 기쁘게 하는가를 모른다. 나는 이 점에 있어서 완전한 패배자란 사실을 용인할 수밖에 없다. 그러므로 나는 나 자신의 불유쾌한 성격은 나의 결점이 아니라, 내가 선택한 것이라고 나 자신에게 믿게 하려고 한다.

인생의 고통은 다른 사람보다도 내가 가장 심하게 느끼고 있다. 나는 친구와도 헤어졌다. 그래서 나와 사귈 수가 있는 사람은 어딘가 이상한 구석이 있는 사람이든가, 아니면 나의 영리함에 관심이 있는 사람뿐이다. 나의 참다운 부분을 숨겨두기 위해 사람들의 더 많은 사랑이 필요한 나는, 훨씬 사랑이 부족한 친구만으로 견뎌 내지 않으면 안 된다. 나 자신이 불행의 원인임을 아는 것은 더욱 괴로운 일이나 만일 나라도 받아주는 사람이 있다면, 나는 그를 친구로 삼을 수가 있을 텐데."

그녀의 가계(家系)는 매우 오래되었고, 선조에는 자랑을 할 만한 사람도 있었으나, 한편으론 가능하다면 숨겨두고 싶은 인물도 있었다. 그녀는 모금운동 따위의 특별한 때를 제외하고는 초일류의 누구누구하는 사람외에는 사귀지 않는다. 모금운동같이 특별한 때에는 몸을 낮추어 비교적 '낮은 등급의' 사람들과 함께 위원으로 참가한다. 그녀는 대부분의 사람을 자기와는 아무런 공통점이 없는 서커스의 기형이라고 생각한다. 그러나 그녀의 내막은 다음과 같은 것이다.

"내가 거만하다고 생각되고 있다는 것은 잘 알고 있습니다. 그러나 사실은 두려움으로 쩔쩔매고 있습니다. 정말 나는 아이들처럼 무능하고, 무력합니다. 누군가가 언제나 나를 보살펴왔습니다. 나는 아무런 재능도 없습니다. 만일 자기 힘으로 생활비를 마련하지 않으면 안 된다고 한다면, 나는 아주 단순한 노동밖에 할 수 없을 것입니다. 나는 머리도 좋지 않습니다. 강연도 이해할 수 없으며, 인생 문제 따위에는 전혀 캄캄합니다.

내가 가지고 있는 것으로 말한다면, 훌륭한 가계와 돈뿐입니다. 남을 냉대하는 것은 이처럼 열등감을 가지고 있기 때문입니다. 대부분의 사람이 들어갈 수 없는 사교 단체에 들어가는 것은 손상된 다른 자존심을 조금이라도 회복시켜 주기 때문입니다. 나와 같이 보통의 인간 관계에서 단절된 사람은 누구나 신물이 날 정도로 쓸쓸해집니다. 누구도 진실로 나를 좋아하지 않습니다. 한 사람이라도 좋으니 정말 친구가 있다면 좋겠습니다. 또한 내가 다른 사람과의 사이에 이런 담을 쌓지 않아도 좋게끔 좀더 능력이 있었으면 좋겠습니다."

태도에 의해 표현되는 것이 반드시 그 사람의 본심은 아니라는 것을 손쉽게 알 수 있는 두세 가지 예를 더 들어보자.

휴지통을 머리에 쓰고, 여자아이한테는 어린애 같은 시늉을 해보이며, 동료 남성에게는 농담을 지껄이는 사무실의 장난꾸러기에 대해 생각해 보자. 이 동작에서 사람들이 생각하는 것은 '나는 조금도 성장하지 않은 소년입니다. 주목해 주십시오. '이다.

그러나 자기 자신이 표현하고 싶었던 것은 다음과 같다.

"나는 매우 성장하고 싶은데, 완전히 실패해 버렸다. 만일 내가 장난을 친다면 그런 것을 전혀 마음에 두고 있지 않는 인간이라고 다른 사람에게 믿게 할 수가 있을 것이다. 그리고 나 자신에게도 그렇게 믿게끔 할 수가 있다. 나는 다른 사람한테 농담을 하지 않으면 안 된다. 그것이 다른 사람보다 뛰어나다고 느낄 수 있는 유일한 방법이기 때문이다."

또한 몹시 독재적이고 거만하면서도 유능한 어느 돈 많은 실업가의 경우를 생각해 보자. 다른 사람이 볼 때 그의 행동은 다음과 같은 것을 주장하고 있는 것이다.

"나는 언제나 올바르다. 다른 사람은 모두 바보 아니면 사기꾼이다. 그러므로 나는 그들을 심하게 부릴 권리가 있다."

그러나 그가 실제로 말하고 싶었던 것은 사뭇 다르다.

"나는 언제나 올바르고, 동요없이 강하다는 것을 남에게 믿게끔 하지 않으면 안 된다고 생각한다. 나는 내가 그렇지 않다는 것을 알고 있다. 그러나 다른 사람이 그 사실을 발견하여 나에게 질문하지 않도록 그들을 언제나 겁을 내고 벌벌 떨도록 두렵게 해둬야겠다."

또 한 가지, 성품이 깔끔하고, 상당히 나이를 먹었는데도 사람들로부터 위안물 취급을 받고 있는 여사무원의 경우를 생각해 보자. 사람들은 그녀의 태도를 다음과 같이 해석했다.

"나는 보통 사람의 감정을 가질 수가 없는 시들어진 나이 든 여자이다."

그러나 실제로 그녀가 말하고 있었던 것은,

"나는 매우 강한 기질을 가지고 있으므로 감정에 흐르지 않게끔 강하게 자기를 억누르지 않으면 안 된다."이다.

사람들은 대체로 실제는 겁쟁이이며, 부끄럼을 잘 타는 존재라는 것을 머리 속에 넣어둘 필요가 있다. 이것은 자신에 넘쳐 있는 것처럼 보이는 소년, 소녀에 대해서도 같은 말을 할 수가 있다. 다른 사람들은 사자를 닮게 털을 깎아놓은 개와 같은 것이다. 외면으로는 굉장히 사납게 보일는지도 모르지만, 실제론 겁쟁이로 한낱 쓸쓸한 개에 지나지 않는다. 알코올의 힘을 빌어서 조작한 명랑, 과도한 우호성, 경구(警句)를 지껄이는 일, 거만한 태도는 열등감의 보통 증상이다. 언제나 자랑을 하는 사람은 자기는 강하다고 말하고 있는 게 아니라, 자기는 약하다고 말하고 있는 것이다.

행위를 주의깊게 관찰함으로써 다른 사람에 대해서 무엇을 깊이 조사해 보아야 하는가의 실마리를 붙잡을 수가 있다. 사람들의 행위를 올바르게 해석하려고 생각한다면, 그 사람의 배경에 대해서도 알지 않으면 안 되는 일이 종종 있다. 결론적으로 행위라든가 태도를 올바르게 해석하는 것은 다른 사람과 잘 사귀기 위한 중요한 요소이다. 사람을 감정적으로 보고, 그들이 반드시 외관과 같지 않다는 것을 안다면, 자기 자신의 열등감을 극복하는 데 도움이 된다.

남과 즐겁게 사귈 수 있는 방법

대부분의 사람들이 무엇보다도 '열등감'을 마음에 꺼리고 있다. 특히 사교 모임에서 이것을 강하게 느낀다. 사람들은 파티에 간다거나, 다과회에나 환영회에 참석하게 되면 표정이 굳어진다. 그러나 사람들을 만나면, 훌륭하게 보이고 싶어한다. 적어도 명랑하게 보이고 싶어진다. 그러나 아무래도 굳어져 버린다. 뒷날 그때 이렇게 말했으면 좋았을 것을, 하고 여러 가지 일을 생각해 낸다. 그러나 그 때에는 이미 사또 행차 뒤에 나팔 부는 격이 된다.

여기에서는, 어떻게 하면 다른 사람 앞에서 마음 가볍게 할 수 있는가에 대해 이야기해 보자.

인상적인 사람한테 속지 마라

이것을 조금 알기 쉽게 표현해 보자. 인상적인 사람을 만난다고 하자. 그 때, 결코 아무것도 말할 수 없을 정도로 감동되어서는 안 된다. 태도에서는 자신에 넘치는 사람일지라도 참다운 우정에 굶주리고 있는 자기 자신을 가지고 있는 것이다.

다른 사람을 마음 편하게 느끼도록 노력하면서 함께 지낼 일이다. 일부 사람들과 같이 사람을 추켜올리거나, 알랑거리는 말을 하는 방법을 모를 경우, 그것은 그것으로도 좋다. 많은 사람들이 바라는 것은 성실한 흥미와 반응이다. 이 사실에 주의하기만 한다면, 아무런 재주도 필요 없다. 다른 사람을 마음 편히 느끼게끔 하는 것은 불안한 감정을 극복하는 데에 제일 좋은 방법이다.

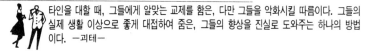

타인을 대할 때, 그들에게 알맞는 교제를 함은, 다만 그들을 악화시킬 따름이다. 그들의 실제 생활 이상으로 좋게 대접하여 줌은, 그들의 향상을 진실로 도와주는 하나의 방법이다. ―괴테―

매력있는 인간 관계란

사교 모임에서 손님이 자기는 고독하다든가, 열등자라고 말한다거나, 그것을 태도로 나타낼지라도 깊은 우정을 표시해 줄수는 없다. 만일 허점을 간파당했다고 그 사람이 생각한다면, 의향이 아무리 호의적이라 해도 그는 강한 노여움을 느낄 것이다. 다음에 그 실마리를 붙잡는 법을 이야기하겠다.

사람들에게 이야기하게 하라

언제나 누군가에게 이야기하고 싶어하는 사람이 있다. 그런 경우, 이쪽은 귀를 기울이고 들어주어야 한다. 설사 이쪽이 이야기하고 싶은 것을 잔뜩 가지고 있다고 해도 말이다.

상대방의 특별한 흥미를 찾아라

상대방이 특히 흥미를 갖고 있는 것을 이야기하게 하면, 상대방은 빨리 친밀감을 느낄 것이다. 아이를 가지고 있는 사람에게 그 괴로움이라든가, 기쁨에 대해 이야기하면 틀림없이 흥미를 나타낼 것이다. 그렇지 않은 사람에게는 취미에 대해 이야기하는 것이 대화의 실마리로써 가장 적당하다.

자기를 과소 평가하지 마라

아마도 누구이든 재미있는 이야기나 취미를 가지고 있을 것이다. 그것을 이야기하여라. 이야기하는 것보다 듣는 편을 좋아하는 사람도 많기 때문이다.

이상적인 대화는 쌍방이 대화에 참가하는 것이다. 듣고, 그리고 이야기한다. 그러나 들을 때는 마음속으로부터 듣고, 상대방이 이야기하는 것에 올바르게 반응한다. 의미가 없는 것을 다만 횡설수설 지껄이는 것보다 쉬운 것은 없다. 다투지 않고, 이익이 되는 방법으로 토론하는 데는 기교를 요한다. 그러나 실패하는 것을 두려워하고 있다면 배울 수는 없다. 실패는 배우기 위한 필요 경비라고 말할 수 있으리라.

경우에 따라서는 문제는 자기 자신 속에 있는 갈등일는지도 모른다. 린드그렌이 지적하고 있는 바처럼, 사람이 쓸쓸하고 불안한 것은 '사교 시설의 미비라거나, 같은 흥미를 가진 사람이 적기 때문이 아니라, 자기의 중심적인 사고 방식이나 열등감이 이야기를 주고받는 첩경을 방해하기 때문'이다.

자기도 동료와 마찬가지로 능력이 있고, 지식이 있고, 실력이 있다고 믿어도 좋을 것이다. 만일 사람들이 당신의 인기를 빼앗아간다면, 일련의 법칙 이상의 것, 즉 더한 기교를 필요로 할 것이다. 당신은 무엇이 당신의 발을 붙잡아당기고 있는가를 발견해야 한다. 만일 외부로부터의 도움이 필요하다고 생각한다면 그것을 얻어야 한다. 뒷바라지 해줄 친구이건 정신 분석 학자이건.

사람을 외관으로 판단하는 것만으로는 불충분하다. 자기를 남의 입장에 놓고, 다른 사람이 느끼는 것과 똑같이 느끼지 않으면 안 된다. 그 때 가서야 비로소 참으로 사람을 알 수가 있는 것이다.

사람들이 어떤 일을 하는 데는 여러 가지 이유가 있다고 생각된다. 행위를 이해하기 위해서는 먼저 동기를 발견하지 않으면 안 된다.

다른 사람과 사귀는 경우 상대방의 참다운 모습을 보고 있는 게 아니라, 그 사람이 좋은 인상을 주려고 가장하고 자기 불안이나, 열등감을 숨기려고 하는 거짓 표현된 모습을 보고 있는 것이다. 여러분은 이와 같은 가면을 벗겨 버릴 게 아니라, 성의있는 우정을 베풀어줄 일이다. 재간껏 기교를 쓰는 것보다도 이렇게 하는 것이 매력있는 인간 관계를 확립하는 비결이다.

제5부

어떤 사람을
믿을 수 있는가

진정으로 믿을 수 있는 사람이란
자기의 내면 생활에 가벼운 마음으로
불러들일 수가 있는 사람이며,
자기를 불러들여 주는 사람이다.
위장한 방어선을 칠 필요가 없는 것은
얼마나 마음이 가벼운 일인가.

제11장
사람을 믿어라

택시를 부를 때, 버스, 기차, 비행기를 탈 때, 시계나 자동차를 수리하려고 내놓을 때, 은행에 돈을 예금할 때, 의사의 충고나 약사의 처방을 받을 때, 우리들은 남을 신용하고 있다. 이 사람들이 전혀 모르는 사람들일 경우도 흔히 있다.

본 일도 만난 일도 없는 사람을 신뢰하지 않으면 식당에서 식사를 할 수도 없을 뿐만 아니라, 상점에서 물건을 산다거나 엘리베이터에 탈 수도 없다. 믿는다는 것은 사람들과 사귀고, 욕구를 채우는 것의 일부에 지나지 않는다.

거기다가 서로 믿으면 믿을수록 모두에게 좋은 일이다. 정부의 어느 커다란 연구소가 조사한 결과, 노동자들이 서로 신뢰 없이 일을 하면 엇갈리는 행동을 하고, 신뢰하고 일을 하면 서로 협력할 수 있는 게 명백해졌다.

그러나 신뢰가 해가 된다거나 재해를 일으키는 경우도 많이 있다. 우리들은 품질이 나쁜 물건에 엉뚱하게 높은 값이 매겨져 있다거나, 거짓 선전이 되어지고 있는 예를 많이 알고 있다.

모든 것을 다 신뢰하지 마라

누구를 언제 신뢰할 것인가는 사업상 거래를 할 경우에도, 일상 생활의 경우에도, 매력있는 인간 관계를 즐기기 위해서는 필요한 것이다. 다음에 도덕적 신뢰성에 대한 다섯 가지 사실을 들겠다. 이들 다섯 가지의 기본적인 사실을 아는 데 따라서 더욱 현명하게 신뢰할 수 있게 되고, 무엇을 사람들로부터 기대할 수 있는가를 알고서 사람들과 더욱 잘 사귈 수 있게 된다.

첫째 사실 — 대부분의 사람들은 두 가지 도덕 기준을 가지고 있다

6장에서 장소나 시간이 달라지면 사람이 전혀 다른 것을 생각한다 해도 위선도 아니며, 모순도 아니라는 것을 명백히 했다. 배가 고팠을 때에는 먹을 것이 필요했다고 생각하고, 배가 부르면 먹을 것을 거절하는 것은 결코 모순이 아니다. 또한 헤엄친다거나 목욕탕에 들어갈 때에는 물에 젖는 것을 좋아하지만, 그 이외의 경우는 젖는 것을 싫어하는 것도 당연하다. 그러나 말하는 것과 행하는 것이 일치하지 않은 사람의 경우는 어떨까?

사람을 이해하는 데 한 가지 중요한 일이 있다. 언행이 일치

하지 않는 사람을 결코 책망하지 말라고 하는 것이다. 우리들 모두가 그러한 것처럼, 이러한 사람은 확실히 모순되고 있다. 그들은 위선자일까?

사실은 이러하다. 우리들은 양친이나 그밖에 신뢰할 수 있는 사람으로부터 도덕 기준을 배운다. 그러나 우리들의 내면적인 욕구는 때로는 경험이나 판단이 이들의 기준에 상반되는 수가 있다. 이야기할 때에는 다른 사람으로부터 배운 것을 말하고, 행동할 때에는 우리들이 하고 싶은 것을 행한다. 그 결과, 두 개의 도덕률이 생겨난다. 즉 믿는 쪽의 도덕률과, 그에 바탕을 두고 행동하는 쪽의 도덕률이다. 때로는 이 두 개가 서로 대립하는 경우가 있다.

이 차이를 인정하기 위해서는 상당한 통찰력이 필요하며, 이는 매우 고통스러운 것이다. 말하는 것과 행하는 것이 다르다 할지라도 그 사람은 어느 쪽에도 성실하다. 그러나 본인은 속고 있지만 당신까지 속아서는 안 된다.

사람들과 사귀는 경우에 그들의 말하는 것이 아무리 성실하더라도 그들의 행동을 믿지 않으면 안 된다. 이 문제에 한 가지 기본적인 법칙이 있다.

사람들이 이야기하는 것을 무시하고, 행동하는 것과 그 결과에 따라서 판단을 내려라. 그 사이에 자기 자신도 같은 방법으로 판단할 수가 있게 될 것이다.

둘째 사실 ─ 도덕감을 기르기는 어렵다

인간 행위의 선악이 아니라, 사람들이 바라고 얻으려고 하는 표현법이다. 식인종은 심리적으로 우리들이 황소를 도살하고 고기를 사는 것과 같은 행동을 하고 있다. 그 과정에서 다른 사람이 해를 입는 것은 부대적인 것이며, 그다지 중요치 않다고 생각된다.

문명이 발달됨에 따라 도덕감을 갖게끔 된다. 지갑을 뺏기 위해 사람을 쏘아 죽인다거나, 전망을 좋게 하기 위해서 다른 사람의 집을 불살라 버린다거나, 직접 다른 사람에게 해를 끼치는 행위는 나쁘다고 생각된다. 보다 많은 급료를 요구하는 노동조합, 보다 많은 이익을 바라는 회사, 보다 많은 배당을 기대하는 주주(株主)는 자기들의 이익을 위해 물가를 끌어올리고, 다른 사람의 생활 수준이 낮아진다고 하는 점에선 비교적 무관심하다. 자기들의 행위가 명백히 특정한 개인에게 직접 해를 끼치지 않으면, 대부분의 사람은 다른 사람에게 어떠한 결과를 주든, 자기가 바라는 것을 얻으려고 한다. 대부분의 사람들의 마음속에는 도덕감이 있기는 있으나 그렇게 잘 길러지지 않았던 것이다.

셋째 사실 — 착취는 보편적으로 행해지고 있다

착취란 일반적으로 무엇을 말하는가를 알아보기 위해 두세 가지 예를 인용해 보자. 조직 노동자도 자본가와 똑같이 소비자를 착취하고 있다. 농민의 압력 단체는 정치력을 써서 공공세를 만들고, 대중이 사는 식품 가격을 올린다. 외과의사는 반 나절의 노동으로 환자의 1개월분 수입을 청구한다. 대강 이와 같은 식이다.

착취는 경제 분야 뿐만 아니라, 다른 분야에서도 행해지고 있다. 가정 생활은 확실히 우리들의 무료 봉사의 장소로서 가장 격에 맞는 예이다. 그 가족간의 착취는 놀라울 정도로 일반적이다. 남편이 아내를 착취하고, 아내가 남편을 착취하기도 한다. 모성애는 이타적 힘의 최고의 예이지만, 그럼에도 불구하고 어머니가 아이를 착취하고 있는 경우가 매우 많다.

넷째 사실 — 적의는 보편적이다

적의는 모든 사람과 인간 관계 가운데에 존재하고 있다. 더욱이 적의는 종종 성(性), 모성애, 의무, 또는 종교 따위의 탈을 쓰고 있다. 훌륭한 인간 관계를 알고 싶은 사람은 이것을 인식하지 않으면 안 된다. 그러나 이 말은 비관적 또는 냉소적으로 받아들여져서는 곤란하다. 어떠한 병이 언제나 존재한다고 할지라도 건강을 지키고 병을 적어지게 할 가능성은 있다.

적의에 대해서 눈을 감으려고 하는 사람은 병에 대해서 눈을 감으려고 하는 사람과 같은 정도로 맹목이며 위험하다.

다섯째 사실 — 제도는 그것을 운영하는 인간보다 좋아질 수가 없다

착취와 같이 깊이 뿌리박고 있는 것은 제도를 바꾸어도 제거되지 않는다. 선량하고 진지한 사람들은 그 원인은 제도에 있다고 믿어왔다. 사람들은 그 제도만 바꾼다면, 악은 완전히 제거되지 않는다 해도 크게 감소되리라고 말한다. 그러나 사람이 그 제도와 함께 변하지 않는다면, '옛 악한을 내쫓고 새로운 악한을 받아들인다'는 격이 된다. 착취라고 하는 것으로써 우리들이 직면하고 있는 것은 인간성의 기본적인 사실이다. 물론 인간성을 바꾸는 것이 불가능하지는 않지만, 그것은 오늘이나 내일에 될 수 있는 것이 아니다. 그것은 오랜 기간을 요하는 어려운 일이다. 어떠한 행위가 우리들의 감정적 욕구에 의해 일단 형성되면, 그것은 습관이 되어 버린다. 그것을 바꿀 수가 있는 이는 정신 분석 의사나 고민 상담자 등 인간 관계의 전문가이다.

따라서 사람들한테서 무엇을 기대할 수 있는가를 알기 위해선 착취의 보편성을 인정해야 한다.

여덟 가지의 이기적 동기

선량한 사람이 이기적인 이유로 행동하고, 악인이 고상한 욕망으로 움직여지는 일이 종종 있다. 이 진리를 이해하는 것은 악인의 선행이나 선인의 악행을 이해하는 데 도움이 된다. 좋은 사람, 나쁜 사람의 양편에 있는 동기—이것은 우리들이 모든 사람과 잘 사귀기 위해서 알지 않으면 안 된다—에 대해서 간단히 살펴보자.

어떠한 직업이나 어떠한 활동에 종사할 때, 사람은 그로부터 얻을 수 있는 것에 다소의 흥미를 가지고 있다. 이 말은 목사, 승려, 사회운동가, 세일즈맨, 권총을 가진 악한에 대해서도 할 수 있다. 다음 항목을 살펴보자.

돈을 손에 넣고 싶다

이에 대해서는 그다지 설명할 필요가 없다. 우리들은 모두 먹지 않으면 안 된다. 먹기 위해서는 돈이 필요한 것이다. 사람은 수입을 위해서 일을 하고, 어떠한 직업에 종사하고 있는 사람이라 할지라도 돈에 매력을 느끼는 사람은 다른 데에 수입이 많은 직장이 있으면 그곳으로 선뜻 옮길 것이다.

경험을 바란다

사람들은 때로는 수입은 적을지라도 경험을 얻을 수 있으므로 직업을 갖는 경우가 있다. 그러한 사람은 장기적인 이익을 생각하고 있는 것이다. 가령 젊은 의사가 유명한 외과의사한테서 거의 무보수로라도 기꺼이 나서서 일을 한다. 그는 이 직책이 주는 훈련이나 명성을 바라고 있다. 또한 경험 자체가 중요한 이유가 된다. 알라스카나 아마존에서 싼 월급으로 일을 하는 기사는 1,2년을 다른 세계에서 생활하고 싶다고 생각하기 때문이다.

사람들과의 접촉을 바란다

태어날 때부터 교제를 좋아하는 여성은 다른 데 수입이 좋은 직장이 있어도 접수계(接收係)를 희망할 것이다. 그녀는 각양각색의 사람을 만나는 것이 즐겁기 때문이다. 또한 좋은 기회가 있기 때문에 사람들과의 접촉을 희망하는 경우가 있다. 어떤 사람은 급료는 싸더라도 유명한 인물의 조수가 되는 것을 바랄 것이다. 그 일이 자기 분야의 많은 유명인과의 접촉을 가져와 장래성이 있기 때문이다.

자기 완성은 인간의 내면적인 일이지만, 또한 외면적인 일이기도 하다. 인간은 타인과의 교섭 없이는 완성될 수가 없다. 타인에게 미치는 영향을 생각하지 않고서는 아무도 자기 완성을 이룰 수는 없다.

오락을 바란다

사람들은 테니스나 골프를 열심히 친다거나, 생명을 걸고 등산하는 등의 위험한 경기를 한다. 그들은 그 활동 자체를 좋아한다. 급료는 싸더라도 교제비를 푸짐히 마음대로 쓸 수 있는 일이 매력적인 것이다.

개인적인 애착심을 가지고 있다

여러 가지 이유로 사람들은 물질적 대상에 강한 애착심을 품게 된다. 그러한 사람은 자기가 나서 자란 집을 사랑하고, 많은 비용이 들어도 그것을 보존한다. 또한 어떤 사람은 많은 돈과 시간을 들여 열대어나 꽃을 기른다.

충동에 대처한다

강박 관념이 사람들에게 술을 마시게 하거나, 물건을 훔치게 하거나, 지나친 성행위에 빠지게 한다. 때로는 사람들을 지나치게 일하게 하는 경우도 있다. 이 경우는 돈도 쾌락도 그 동기는 아니다. 건강, 오락, 가정 생활을 희생하면서까지 이 사람들을 움직이는 것은 강박 관념이다.

자기 광고를 바란다

무보수의 행동은 이기적이 아닌 것처럼 보이나, 반드시 그렇지도 않다. '자랑스럽게 남에게 보이고 싶은' 욕망, '자기 이름을 신문에 내고 싶은' 욕망, 유명한 위원회의 '위원장이 되고 싶은' 욕망, 혹은 '자기가 생각하는 사람'에게 받아들여지고 싶은 욕망이 강한 동기인지도 모른다. 그렇다면 돈에 대한 욕망과 마찬가지로 이기적이라고 말할 수 있다.

명성, 평판, 권력을 바란다

경제적인 매력이 적은 목사, 교사, 사회운동 등의 직업은 명성을 얻기 위해서는 높은 값어치가 있다. 종교적 지도자가 얻는 존경, 권력, 지배력은 어떠한 다액의 돈보다도 사람에 따라서는 보람이 있는 것인지도 모른다.

사람은 도덕적으로 고르지 못하다

위에서 이야기한 것은 선인이든 악인이든, 사람의 행위가 이기적인 이유에 바탕을 두고 있는 경우의 예이다. 그러나 인간의 행위가 이기적인 이유로 완전히 설명이 된다고 속단해서는 결코 안 된다. 사람들은 다른 사람의 복지를 위해 순수하고, 더구나 강한 흥미를 지닐 때가 종종 있다. 이 흥미는 이기적인 이유와 뒤섞여 있는지도 모른다. 사람을 충분히 알기 위해서는 이 사실도 또한 생각에 넣지 않으면 안 된다.

6장에서 인간이 지적으로 고르지 못하다고 말했으나, 역시 마찬가지로 사람은 도덕적으로도 고르지 못하다.

사람이 정직하다든가 부정직하다든가는 간단히 말할 수는 없다. 어느 정세하에서는 사람은 아주 정직하지만, 정세가 바뀌면 그렇지 않게 된다. 가령 결코 남의 지갑, 웃옷, 시계는 훔치지 않는 사람일지라도 장사 거래에서는 '속일 수 있는 사람은 속인다'는 주의의 소유자인지도 모른다.

그러나 장사라고 해도 무궤도는 아니다. 가령 판매 경쟁은 무궤도인 것처럼 보이지만, 매우 엄격한 규율에 따르고 있다. 이 규율을 범한다면 낙오된다. 경우에 따라서는 기업은 인간적인 마음까지도 가지고 있다. 종이상자 제조회사가 화재로 불탔을 때, 그 회사가 재건될 때까지 경쟁 상대의 회사가 타버린 회사의 주문을 맡아주었다고 하는 이야기도 있다.

사람과 사귀는 데는 결국 어떤 점에서 그 사람이 신뢰되고 어떤 점에서 될 수 없는가를 아는 데에 달려 있다.

인간은 상대방에 따라서 도덕적으로 얼룩이 생긴다. 내가 알고 있는 어느 피서지의 식품점 경영자는 옛날부터 알고 있는 사람은 결코 속이거나 하지 않는데, 피서객들에게는 터무니없는 바가지 요금을 씌운다. 가족이나 친밀한 단체에게는 결코 거짓말을 하지 않는데, 그밖의 사람들에게는 거짓말도 함부로 하고, 나쁜 짓도 예사로 하는 사람이 있다.

언제, 어디서 신뢰할 것인가

사람들과 잘 사귀는 것은 언제 신뢰하고 언제 신뢰하지 않는가를 아는 것이다.

평상시에는 정직한 사람인 교수가 그다지 잘 알지 못하는 일에 대해서 아는 체를 한다. 사업주는 회계원을 경리상의 일로는 신뢰하고 있지만, 그녀가 회사의 비밀을 누설하지는 않나 해서 의심하고 있다. 여러 가지 일을 약속하고(약속할 때에는 본심인데) 뒤에 지키지 않는 사람이 종종 있다.

선인과 악인의 차이

매우 선량한 사람이 때때로 무서울 정도로 나쁜 짓을 해도 선인이라고 말할 수 있는 게 있다. 또한 매우 나쁜 사람이 훌륭한 일을 해도 악인이라고 하는 경우가 있다(카포네는 1930년대의 불경기에 굶주린 사람들을 위해서 시카고에서 무료 식당을 열었다). 따라서 신뢰할 수 없는 악인을 신뢰해야 할 선인과 혼동한다면 큰일이다.

맨 처음에 필요한 것은 생각을 정리하는 일이다. '나쁜' 사람이란 어떤 사람을 가리키는가? 또한 '좋은' 사람이란 어떤 사람을 말하는가? 사회적 지위를 도덕과 혼동하거나 지위가 없는 것을 나쁘다고 잘못 짐작해서는 안 된다.

그러나 만일 '좋은' 사람이 때때로 나쁜 짓을 하고, '나쁜' 사람이 때론 좋은 일을 한다면, 양자의 차이를 분별할 필요가 있다. 이것은 누구를 믿을 것인가를 결정할 때에 중대한 문제이다. '좋은' 사람이 '나쁜' 사람과 틀린 점은 그들이 도덕적으로 완전하다든가 이타적 동기로 행동한다고 하는 것 뿐만 아니라, 그들의 생활 설계의 중심점이 다르다.

인간은 컴퍼스와 같은 것이다. 일시적으로는 어느 쪽 방향으로도 향하고 돌지만, 끊임없이 하나의 중심점을 향해서 당기는 힘이 작용한다. 때때로 나쁜 짓을 하는 착한 사람, 때때로 좋은 일을 하는 나쁜 사람에게는 근본적인 차이가 있다. 양자를 끄집어 당기는 중심점의 차이이다.

나쁜 짓을 한 착한 사람에게는 내면적인 도덕 기준이 있다. 그러나 근본적으로 나쁜 사람, 이기주의적인 사람에게는 그것이 없다. 누구를 신뢰할 것인가를 생각할 때, 이 도덕 기준이 있는가 없는가에 따라서 확실하게 구별을 지을 수가 있다.

사람들에게 너무 많이 기대하지 마라

누구를 얼마만큼 어느 점에서 신뢰하는가를 결정할 때에 마음에 두지 않으면 안 되는 것은 다음과 같은 것이다.

흥미의 범위는 한정되어 있다

사람들은 인플레이션, 국제 정세, 전쟁과 평화, 방사성 물질의 강하와 같은 사회적으로 매우 중대한 것에는 그다지 주의를 돌리지 않고, 자기의 일, 자기 가족의 일, 가까운 친구들의 일, 자기가 소속한 종교 단체의 일에는 흥미를 갖는다. 외부에 대한 흥미라고 한다면, 어느 팀이 월드 시리즈에 우승할 것인가라든지, 어느 영화배우가 결혼하거나 이혼했는가에 한한다.

의사, 교사, 치과의사, 기사와 같은 직업인은 자기들의 직업에 관한 일에 흥미를 갖지만, 그외의 일에는 그다지 흥미를 갖지 않는다.

책임을 회피하고 싶어한다

이것은 매우 광범위한 문제처럼 들릴는지도 모른다. 대체로 사람들은 자기 생활 분야에서 어떻게 행동할 것인가를 배우는 것을 좋아한다. 사람들은 교회 설교의 가르침, 신문의 정치 문제에 대한 논평, 세일즈맨이나 광고의 파는 선전 문구를 좋아한다. 자기 일에는 일생의 충성과 복종의 대가로서 퇴직 후의 생활 보장을 기대하고, 정부한테는 실업 구제와 노후 보장을 간절히 희망한다.

사람은 선인도 아닐 뿐만 아니라 악인도 아니다

도덕적으로는 사람은 성자도 죄인도 아니며, 양편을 겹쳐 동시에 갖추고 있다. 고도의 도덕적 정신적 규범이 사람들에게 어필하고, 그 결과 사람들은 악에 대해서 불만을 말한다. 그러나 그들의 악에 대해서는 아무것도 하지 않는다. 다만 위험이 닥치면 그들은 일어서지만, 오래 계속되지는 않는다.

사람들은 정상에는 오르지 않을지라도 그렇다고 깊은 곳에도 떨어져 버리지 않는다. 대다수의 사람들은 냉혹한 악의 길이나 극단적 이기주의에 빠지는 일은 없다.

사람들은 어떠한 타입으로 나누어지는가

모든 사람들에게는 여러 가지 공통점도 있지만, 그 행위에는 폭이 있다. 어느 정도까지 이 행위는 분류할 수가 있다. 에리히 프롬의 분류법은 잘 맞힌 것이라고 생각되어 다음에 소개하기로 한다. 분류는 수동형, 보수형, 판매형의 세 가지 형태로 나누인다.

수동형

이 형에 속하는 사람들은, 말하자면 커다란 아이로 자기를 보살필 능력이 결핍된 사람이다. 그들은 집에 틀어박혀서 누구

든 친절한 사람이 데리고 나가 즐겁게 해주기를 기다리고
있다. 언제나 무언가를 요구한다. 자기 자식들에게 좀더 돌보
아 달라고 요구하고, 친구들에게는 좀더 방문해 달라고 요구
한다. 해설자, 교회, 신문에 의지하는 것이 습관이 되어 자기
혼자서 결심할 수가 없다.

보수형

이 형의 사람들은 인생을 작은 상자에 넣고 싶어한다. 변화
가 일어나는 것을 바라지 않는 초보수주의자이다. 확실한 사회
계층을 바라고, 모든 사람들이 자기 자신들의 계층을 알고, 그
로부터 나가려고 하지 않을 것을 바란다. 경제 제도의 변화를
두려워하고, 아버지나 할아버지들의 정치, 종교에 집착한다.
고전을 애호하고 새로운 것, 시험적인 것에 반대한다. 당연히
올 수밖에 없는 세대에 대해서 언제나 전전 긍긍하고 있다.

판매형

이 형의 인간은 나라 전체의 풍조를 지배하는 경향이 있다.
'파는 것'은 생계를 세우는 수단일 뿐만 아니라, 인생의 정수
(精髓)라고 생각한다. 최대의 관심사는 상품을 '파는 것'이 아
니라, 자기 자신을 '파는 것'이다.

여기에서는 인간을 지식, 인격, 성격에 의해서 측정하는 것
이 아니라, 시장에서 무엇을 얻는가에 따라서 측정한다. 자기
를 높이 팔 수가 없으면 낙오자라고 생각한다. 파는 데 성공한
증거품으로서 집, 자동차, 옷 등을 구입한다. 이 물건들은 돈

이 있건 없건 구입하지 않으면 안 된다. 이 물건들에 의해서 적어도 성공한 것처럼 보일 수가 있기 때문이다.

이 형에 속하는 사람들은 매우 많다. 그들을 발견하고 그들이 신뢰할 수 있는 분야를 찾아내는 일이 특히 중요해진다. 좀더 '판매형'에 대해서 생각해 보자.

이 형의 사람들에게 있어서 '파는 것'은 직업상만의 일에 한하지 않는다. 사회 생활도 또한 '파는 것'의 장소로 된다. 이 사람들이 훌륭한 의복을 입는 것은 다른 사람을 기쁘게 하기 위해서이다. 그들의 대화도 자기의 희망, 감정, 확신, 사상을 전하려 하고 있다고 생각해서는 안 된다. 자기를 팔고(알리고) 인상지우는 일에 모든 정력을 집중하기 때문이다. 아무런 관심이 없어도 사람들의 이름을 올바르게 기억할 것이다. 또한 사람들의 정치적 종교적 신념이나, 개인적 기호를 찾아내려고 할 것이다. 그들은 말에 주의해서 상대방의 감정을 해치지 않게끔 노력할 것이다.

판매형의 사람들을 만나게 되면 다음의 사항을 예상해 둘 필요가 있다.

① 판매형의 인간은 아마 보수적으로 보일 것이다. 그러나 충분히 주의하여, 사실은 어떠한 사람으로 무엇을 생각하고 느끼고 있는가를 판단하지 않으면 안 된다.

② 이 부류의 인간은 아마도 겁에 질려 있을 것이다. 자기가 바로 잘못된 것을 말하거나 행하거나 해서 다른 사람에게 인정을 받지 못하는 게 아닌가 하고 걱정하고 있다. 개인적인 의견으로 자기 습관이 간파되지는 않나 싶어 쩔쩔매고 있다.

③ 그 사람은 아마도 고독할 것이다. 진짜 그는 자기가 만든 우리 속에 들어가 있어 나올 수 없기 때문이다. 자기는 다른 사람이 승인하지 않는 것을 하고 있지는 않나 두려워서 자기 우리 속에 푹 파묻혀 있다.

④ 그는 아마도 노이로제 상태로 되어 있을 것이다. 언제나 자기를 있는 그대로 표현할 수가 없으므로 여러 가지 마음의 소화 불량을 일으키고 있다. 정신병 의사가 필요한 것도 무리가 아니다. 따라서 자기를 있는 그대로 표현하지 않는 사람을 만난다면, 그 사람은 정신적으로 건전하지 않든가, 자유롭지 않다고 생각해도 좋다.

우리들이 살고 있는 세상에서는 좋아하고 싫어함에 관계없이 언제나 다른 사람을 신뢰하지 않으면 안 된다. 누구를 언제 신뢰할 것인가를 아는 것은 다른 사람과 사귀는 데 있어서 중대한 문제이다.

사람들은 두 개의 도덕 기준―신봉하고 있는 것과 그에 따라서 생활하고 있는 것―을 가지고 있음을 알고 두 개를 혼동해서는 안 된다.

도덕감을 기르는 것은 어렵다. 또한 착취와 적의는 보편적으로 존재한다. 아무리 좋은 제도를 만들어도 그것을 운용하는 사람이 좋지 않으면 소용없다.

　사람들은 형형 색색으로 혼합된 도덕적 동기에 의해서 행동한다. 사람들로부터 무엇을 기대할 수 있는가를 아는 데는 이들의 동기를 알지 않으면 안 된다.

　사람들은 선과 악의 양면을 가지고 있지만, 어떤 사람은 선을 중심으로 생활하고, 어떤 사람은 악을 중심으로 생활한다. 좋은 일을 하는 악인과 나쁜 짓을 하는 선인의 분별이 서지 않는다면 큰일이다.

　사람은 수동형, 보수형, 판매형으로 분류된다. 다른 사람과 사귀는 데 있어서의 성공과 실패는 이들의 차이를 어느 정도 이해하고 반응하는가에 따라 달려 있다.

제 12 장

모든 사람들을 다 믿지 마라

오래전에 심리학자들은 대부분의 사고는 우발적으로 일어나는 것이 아님을 발견했다. 예를 들면, 어느 조사에서는 4,5퍼센트의 운전사가 전체 사고의 30퍼센트를 일으키고 있다. 이것은 보통 운전사의 7배에 해당한다. 100명의 운전사가 제각기 4명을 사망시키고, 38건의 사고를 일으켰다. 심리학자인 알렉산더 아들러는 유럽과 미국에 대해 사고를 일으키기 쉬운 노동자를 연구한 결과, 얼마쯤 확실한 인격의 형이 있음을 발견했다. 그들은 어떠한 일이건 다른 사람의 탓으로 돌리고 응석을 부리고 싶어하며 보통 이상의 적의를 갖는 경향이 있다.

이상으로 명백한 것과 같이 사고를 일으키기 쉬운 사람에게는 위험한 일을 맡기지 않는다. 올바른 치료에 의해서 이와 같은 사람을 고칠 가능성은 있지만, 정신 분석 의사라든지 그 계통의 전문가가 아닌 한 결국 무리이다. 이와 같은 사람을 발견하면 피할 필요가 있다. 그들을 채용해서는 안 되며, 사교 동아리에 참가시켜서도 안 된다. 될 수 있는 대로 깊이 사귀지 않아야 한다. 불가피하게 교제하지 않으면 안 될 경우에는 언제나 주의를 게을리하지 말아야 할 일이다.

맡길 수 없는 사람의 예로써 사고를 일으키기 쉬운 사람을 들었지만, 더욱 심각한 도덕적인 결함 때문에 사람들한테 해를 끼치는 사람이 있다. 다음에 그러한 사람의 예를 가장 극단적인 형부터 이야기하겠다.

피하지 않으면 안 되는 인격형

정신병적인 인격

도덕적인 태도를 배우는 능력이 결핍되어 있어 죄라든가 동정의 의식을 가지지 않고, 극악 무도한 죄를 범하는 사람이 있다. 이것은 누구의 책임도 아니고, 어떤 가정에든 생길 가능성이 있다. 그들은 때로는 지능 지수가 매우 높고, 명랑하며, 사람들한테 호감을 받는 경우가 있다. 이런 사람은 평생을 통해 한 번 만나거나 만나지 않거나이다. 그럼에도 불구하고 우리들은 신문에서 그들이 범한 매우 참혹한 범죄를 읽는 일이 있다.

인간 혐오

우리들은 때로는 혐오감을 품은 일이 있다. 그 중엔 모든 인격이 혐오의 덩어리 같은 사람이 있지만, 태어날 때부터 그랬던 것은 아니다. 거칠게 다루어짐으로써 싫은 일을 배웠던 것이다. 나이 어릴 때엔 방해자 취급을 받았으며, 무시당하고 학대를 받았던 것이다. 어른이 되어서야 그들에게 친절히 해보았자 아무런 소용이 없다. 신뢰하려고 생각해도 그에 응해 주지 않는다. 그들 가운데의 '선'은 혐오에 의해서 거의 가리워져버렸다. 그들에게 양보 또는 친절한 태도로 대해 주는 것은 더욱 받아들이기 힘든 요구를 끄집어내는 것뿐이다. 남은 방법은 거칠게 다루는 길뿐이다. 세상에는 이런 부류의 사람은 적으므로 간단히 발견할 수가 있다.

상습적인 말썽꾸러기

앞에서 이야기한 두 가지 보다 일반적인 것은 상습적인 말썽꾸러기이다. 인간 혐오와 똑같이 그들의 생활 중심은 악덕이며, 남에게 해를 줌으로써 만족감을 얻는다. 그러나 인간 혐오와는 달리 비교적 평범한 환경과 경험 속에서 자랐다.

악덕의 원인은 간단하게 분별할 수 없는 노이로제인 것처럼 생각된다. 그들은 변해서 불유쾌하게 보이나, 보통은 바뀌지 않는다.

이런 부류의 사람을 분별하는 실마리는 그들이 자기들은 박해당하고 있다는 기분을 표명하는 것이다. 세상에 대해 적의를 품고 있으므로 세상이 자기들한테 적의를 품고 있다고 말한다. 그들은 때때로 게으르고 교활하다. 그들의 악의는 주로 가만가만 해치운다고 하는 형태로 나타난다. 다음은 어느 상습적인 말썽꾸러기 기록이다.

① 그는 조작한 이야기를 날조하여 딸과 그 남편 사이에 의
  혹의 씨를 뿌리고는 드디어 이혼시켜 버렸다.

② 그는 손녀딸에 대해서도 같은 짓을 했다.

③ 그는 다섯 개의 합명 회사를 만들었으나, 모두 무산시켜
  버렸다.

④ 그는 자기 교회에 불화를 일으키고, 몇몇 사람의 단체를
  분리시켰다. 그는 분리파에 속하여 돈을 내고 건물을 짓
  기 시작했다. 그러나 그곳에서도 분쟁을 일으켜, 그 결과
  많은 사람들이 나가고, 교회 건축 계획은 와해되어 버
  렸다.

⑤ 그는 어떤 집에 초대받아 갔을 때는 언제나 그 가족들 사
  이에 의혹을 일으킬 만한 말을 했다. 그 결과 싸움이 일
  어나면 그는 기뻐했다.

⑥ 그는 유태인을 싫어하는 초애국적 단체에 여러 군데 참가
  하고 많은 헌금을 냈다.

그가 행동할 때는 언제나 정의감이 있고 조용하여 품위가 있
는 신사로 가장했다. 이와 같은 성격은 고치려고 해도 안 되므
로 그러한 사람에게 다가가지 않을 일이다.

약탈형

욕심꾸러기로 남한테 무자비한 사람은 이 형에 속한다. 그들
은 인간 혐오는 아니고 인격이 비뚤어진 결과로 일어나는 것
이다. 세계는 그들의 적이 아니라 수확물인 것이다.

그들은 권력, 명성, 돈을 탐내고 그를 위해서는 어떠한 노력

도 싫어하지 않는다. 그들은 자기 목적을 위해서 장해가 되는 인간은 누구든 내동댕이쳐 버리려고 한다. 자기를 배신하지 않는 사람에 대해서는 관대한 친구다. 그는 복종한 적에 대해서도 친절하고 인정이 많다. 그러나 목적 달성을 위해서는 명예를 상하게 하는 것도, 친구를 잃는 것도 상관하지 않는다.

이 형의 인간은 앞의 세 가지 형보다도 그 숫자가 많다. 범죄자 가운데서 이 부류의 사람을 찾아보는 게 좋다. 모든 범죄인이 이 부류에 속한다곤 말할 수 없으나, 대체로 이 약탈형에 가깝다.

이 부류의 사람들은 어떠한 직업 가운데도 있다. 이와 같은 사람이 큰 회사, 노동조합, 사회 단체 또는 국가의 지도자가 되면, 많은 사람들을 불행으로 이끈다. 개인에 있어서나 사회에 있어서나, 이 약탈형의 사람을 발견하여 약탈 행위를 저지하는 일이 중요하다.

완전한 악덕에 비교하여 이 형의 인간은 교정의 가능성은 많이 있지만, 그래도 역시 어렵다. 그가 인생의 위기를 경험한 결과로써 혼자서 고치는 일도 때로는 있다.

떼어먹는 사람

떼어먹는 사람은 이상할 만큼 인간 혐오라고는 할 수 없다. 또한 약탈형과 같은 억센 야심은 가지고 있지 않다. 도덕심이 없다고 하는 점에서 약탈형을 닮았으나, 목표를 달성하기 위해 강력한 수단은 쓰지 않는다. 그는 좀처럼 직접적인 폭력을 휘두르지 않고, 허세를 부리며 안락한 생활을 바라고 있다. 일을 하지 않고 사람들을 졸라서 돈을 꾸지만 갚을 마음은 없다.

이 부류의 사람은 단순히 조르는 사람에서부터 사기꾼에 이르기까지 광범위하다. 그들은 매력적이며 말솜씨가 좋다. 우선 상대방을 반하게 한다. 그러나 어딘가에 허점이 있을 수밖에 없다. 그들은 매우 빨리 매력적으로 이야기하므로 맨 처음에는 알아채지 못한다.

떼어먹는 사람은 성장하지 못한 무책임한 아이이다. 단지 사람을 속이는 궁리만은 아주 잘 발달되어 있다. 그런 사람을 변경시키려고 하면 안 된다. 또한 신뢰해서도 안 된다.

이러한 사람은 신뢰할 수 없다

선량하지만, 인격적인 결함이 있는 사람은 사기꾼보다도 오히려 더한 해가 된다. 그와 같은 사람을 신뢰하기 전에 생각해 보지 않으면 안 될 위험 신호를 다음에 든다.

문제를 일으키기 쉬운 사람

남을 귀찮게 하는 사람이 있다. 귀찮게 할 작정은 아니었지만, 귀찮은 문제에서 벗어나기 위해 다른 사람을 필요로 한다.

사람은 누구나 귀찮은 문제를 가지고 있다. 그러나 자기로서 처리할 수 없는 문제를 가지고 있는 사람이 있다. 귀찮은 문제를 가지고 있는 사람을 발견하면 도와주려고 생각한다. 이것은 칭찬할 만한 일이지만 주의하지 않으면 안 될 일이 있다. 사고를 일으키기 쉬운 사람이 있는 것처럼 문제를 일으키기 쉬운 사람이 있다. 불행은 불운 때문이 아니라 잘못된 판단이나 보살핌을 구하는 성질 때문이다. 그러므로 차례차례 문제를 안고

들어오는 사람을 발견한다면 너무 깊은 관계를 가져서는 안 된다.

유혹에 빠지기 쉬운 사람

마이크는 악인이 아닐 뿐 아니라, 떼먹기 좋아하는 사람도 아니고, 또한 사기꾼도 아니었다. 상점 주인은 마이크한테 손님으로부터 돈을 맡아 금전출납부에 기입하는 일을 시켰다. 유혹은 너무나도 컸다. 드디어 마이크는 등록부에서 돈을 훔치게끔 되었다.

정직이라고 하는 이상은 유혹을 이길 능력에 의해 보증되어 있지 않으면 충분하지 않다. 인생길에는 매력있는 함정이 가득 놓여져 있다. 알코올과 성(性)은 두 개의 함정이다. 물건을 손쉽게 살 수 있는 것도 하나의 함정이다. 자기의 수입에 상당하는 월부금을 지불하지 않으면 안 될 정도의 구매를 한다. 이것이 사람들에게 심리적 부담을 주어 도둑질, 알코올 중독, 자살 따위의 결과를 가져온다.

자기 소유물을 소중히 하지 않는 사람

어떤 사람은 자기가 가지고 있는 것을 소중히 하지 않기 때문에 언제나 곤궁하다. 그러한 사람은 좋은 옷을 사지만, 담뱃불로 구멍을 내기 일쑤고 훌륭한 가구를 수선하지도 않고 버려버린다. 값비싼 차도 기름을 넣는 것을 잊고서는 엔진을 태워버린다. 지붕에 비샐 구멍을 내버려두어서 벽이나 가구를 버리게 한다. 그들은 돈을 쓰는 방법에 대해서도 시종 감당할 수 없다. 상당한 수입을 얻고 있지만, 어디론가 사라져 버리고, 먹을 것을 사는 돈에도 불편을 느끼는 일이 있다.

이러한 사람들은 가장 이해할 수가 없는 사람들이다. 물건에 대한 책임 관념이 희박한 점에서는 바로 아이들을 닮았다. 여기에서 이와 같은 사람에 대해 어떻게 하라고 하는 것은 아니고, 하나의 위험 신호로써 지적할 뿐이다.

화를 잘 내는 사람

자기가 생각하고 있는 대로 되지 않으면 직성이 풀리지 않는 사람이다. 방해를 받으면 화가 잔뜩 나서 얼굴을 붉히고 화를 못참아 주위의 것을 무엇이나 닥치는 대로 부수어 버리기도 한다. 이와 같은 사람은 사교 동아리를 파괴해 버리기 일쑤고, 단체의 사기를 저하시키기도 한다.

이와 같은 사람은 믿을 수가 없다. 무엇이나 마음에 들지 않는 것이 있으면 제멋대로의 행동으로 나오기 때문이다. 어떠한 선인일지라도 화를 잘 내는 것은 위험 신호이다. 그들에게 무언가 중요한 일을 맡길 때에는 그 전에 잘 생각하지 않으면 안 된다.

스포츠맨 정신이 결핍되어 있는 사람

무엇이 어떻든 이기지 않으면 안 된다고 하는 사람이 있다. 비즈니스맨은 거래를 성립시키기 위해 어떠한 엉터리 짓도 과감히 한다. 선수라면 어떤 수단을 써서라도 상대방을 넘어뜨리지 않으면 안 된다고 생각한다. 만일 심판에 적발되면, 심판한

테 적의를 품고 상대방 편을 들어주고 있다고 추궁한다. 상대
방 팀을 어떠한 일이 있더라도 쳐부수지 않으면 안 될 적으로
적대적으로 보는 것이다.

규칙이나 관례를 지키지 않는 사람

사람과 사귀는 데는 다른 사람에게 적응하고, 일반적인 복지
에 필요한 규칙과 관계를 지키는 마음이 필요하다. 이에 협력
하지 않으면 폐를 끼치거나 비극을 초래한다. 이런 부류의 사
람들은 수영 금지 구역에서 헤엄쳐 빠져 죽게 된다. 또한 교통
법규를 무시하여 자기나 남을 위험에 빠뜨린다. 위생 규정은
지키지 않아 모든 단체의 건강을 위협한다.

이러한 사람은 다른 사람에게 귀찮거나 위험한 존재이다. 또
한 이러한 사람에게는, 어른이건 아이이건, 친절이라든가 엄한
징벌은 효력이 없다. 그들과 가능한 한 관계가 없게 지내는 것
이 상책이다.

다른 사람에 대한 민감성이 없는 사람

회합이 끝나고 돌아오는 길에 노스비크 부인이 찰리와 살리
한테 집에까지 함께 차를 타고 가기를 권한 것은 친절심에서
였다. 2마일이나 되는 길은 걷기에는 아무래도 멀다. 그녀는
둘이 거절하는 것은 미안해서 사양하기 때문이라고 생각했다.
그러나 사실 그날 돌아오는 길에 찰리는 살리한테 청혼하려고
생각하고 있었다. 그래서 살리는 여성 특유의 민감성에서 이
눈치를 알고 있었다. 이 사랑을 주고받는 두 남녀한테는 2마일

의 길을 걷는 것은 아무렇지도 않은 일이었다.

노스비크 부인이 좀더 민감했더라면 그들이 거절한 말 이면에는 두 사람만이 함께 있고 싶다고 하는 기분이 있구나 하는 것을 깨달았어야 했을 것이다. 그렇건만 그녀는 귀찮게시리 계속 권유하고 있는 것이 아닌가?

친절을 베푼다는 생각으로 다른 사람을 귀찮게 따라다니는 사람은 일을 한층 귀찮게 한다. 그들은 일종의 이기주의자이다. '나는 너희들을 돕고 싶다. 그러나 내 방법으로 하고 싶다. 나는 너희들의 욕구나 희망에 마음을 쓰는 것은 거절하겠다.'라고 말하는 이런 부류의 사람도 주의를 하는 게 좋다.

스스로 저지른 나쁜 결과를 모르는 사람

우리들은 귀찮은 문제의 대부분이 자기 자신이 씨를 뿌렸기 때문이라는 것을 잘 알고 있다. 어떤 부인은 술 마시는 남편과 살고 있다. 그녀의 바보짓을 남편이 참을 수 있는 것은 술을 마셨을 때뿐이기 때문이다.

대부분의 사람들은 문제의 씨앗을 자기들이 얼마만큼 뿌렸는가를 알고 있다. 그것이 불가능하고, 가령 자기의 탓이라 해도 남을 책망하려는 사람이 있다. 부모들 가운데는 아이들을 잔뜩 위협해 놓고서는 왜 반항하는가 하고 생각하는 사람이나, 또한 아이들을 방자하게 기르고서는 어째서 이기주의로 은혜를 모르는 아이가 되었느냐고 한탄하는 사람도 있다. 이것은 인간 가운데서 가장 이해가 안 되는 일이다. 귀찮은 문제의 책임의 얼마쯤은 자기에게 있다고 하는 것을 모르는 사람과 관계할 때에는 주의하지 않으면 안 된다.

융통성이 없는 사람

사정은 때와 환경과 함께 바뀌는 법이다. 변화하는 사정에 적응할 수 없는 사람은 아무리 성실하고 양심적이라도 쓸모가 없다. 그러한 사람을 지나치게 신뢰하면 곤란하게 된다. 그들의 눈은 주위의 현실에 대해선 감겨져 있다. 성장한 아이를 갓난아기 때와 마찬가지로 취급하는 부모, 결혼 당초의 낭만을 언제까지고 지니기 위해서는 무엇이나 희생하는 부부, 근대적인 생산과 판매 방법을 적용할 수 없는 경영자 등은 모두 이 예이다.

향학심이 없는 사람

대부분의 사람들은 다른 사람의 경험이나 자기 경험에서 교훈을 배운다. 지붕에서 뛰어내린다거나, 다른 사람의 부인과 놀아난다면 문제가 일어나리라는 것들은 해보지 않아도 알고 있다.

그러나 자기 경험에서까지도 배울 수가 없는 사람이 있다. 화상을 입은 아이는 불을 두려워하지만, 몇 번이고 화상을 되풀이한다. 사회 과학자는 두 번 속은 사람은 세 번 속는다고 말하고 있다. 그들이 경험에서 배우지 못하는 것은 지능이 결여되어 있기 때문이 아니고, 감정적 폐색(閉塞)이 그렇게 시키고 있는 것처럼 생각된다. 이와 같은 사람에게 잘못하여 신뢰를 두면 큰코 다친다.

지금까지 열거해 온 인간상에 관하여 일반적으로 말할 수 있

는 것은 그들에게 영향을 주려고 해서는 안 된다고 하는 것
이다. 그들을 가까이 할 때는 주의해야 한다.

사람을 신뢰하지 않으면 안 되지만 모든 사람들을 신뢰할 필
요는 없다.

성격이 매우 비뚤어져 있으므로 그 사람한테는 가까이 하지
않는 편이 좋은 경우가 있다. 그것은 다음과 같은 다섯 가지 형
태의 인간이다.

① 정신병적인 인격
② 인간 혐오
③ 상습적으로 문제를 일으키는 사람
④ 약탈형
⑤ 떼어먹는 사람

'선인'을 모든 면에서 신뢰할 수는 없다. 다음에 드는 '선
인'에겐 주의해서 가까이 할 일이다.

① 문제를 일으킬 수 있는 경향이 있는 사람
② 유혹에 빠지기 쉬운 사람
③ 자기 소유물을 소중히 하지 않는 사람
④ 화를 잘 내는 사람
⑤ 스포츠맨 정신이 결여되어 있는 사람

⑥ 규칙이나 법률을 지키지 않는 사람

⑦ 남에게 대한 민감성이 결여되어 있는 사람

⑧ 귀찮은 문제에 대해서 자기에게 그에 대한 책임이 있음을
　모르는 사람

⑨ 순응성이나 융통성이 결여되어 있는 사람

⑩ 경험에서 배울 수가 없는 사람

제13장

무엇을 경계해야 하는가

이미 이야기한 바와 같이 신용할 수 없는 사람과 사귀는 가장 좋은 방법은 그들을 피하는 일이다.

그러나 때로는 피할 수가 없는 일이 있다. 게다가 이미 우리들이 고찰한 것처럼 선인까지도 신용할 수 없는 때가 있다. 우리들은 그들을 변경시킬 수도 없다. 어떻든 그들과 최선을 다해서 사귀지 않으면 안 된다.

이 장에서는 경계하지 않으면 안 되는 일, '귀찮은 사람'을 발견하는 방법, 그들이 쓰는 무기와 수법에 대해서 이야기하겠다. 이 지식이 있다면 한층 유리한 입장에서 사람과 사귀고 자기를 지킬 수가 있을 것이다.

주의해야 할 수법

다음에 이들 '귀찮은 사람'들이 쓰는 여섯 가지의 기묘한 수법에 대해서 말하겠다. 다음 경우를 경계해야 한다.

첫째 수법 ―숨긴다

어른이건 아이이건, 타락자의 최초의 방어법은 붙잡히는 것을 피하는 것이다.

이 수법으로 가장 유치한 것은 아이들이 발견되지 않게끔 먹을 것을 숨겨놓고, 그것을 꺼내다가 발각되면 갖가지 구실을 갖다 붙인다. 본격적인 것이 되면 범죄를 범하게 된다. 시치미를 뚝 떼는 데 열중하는 사람은 경계할 필요가 있다.

둘째 수법 ―거짓말을 한다

이것은 단순하고 일반적이다. 알기 쉽게 말한다면, "나는 그런 일을 하지 않는다.", "내가 했다고 하는 증거는 없다."라고 말해서 믿게끔 하려고 하는 방법이다.

도둑맞은 글러브가 어떤 소년의 로커에서 발견되었다고 하자. 그 소년은 자기는 주웠을 뿐이다, 임자가 나타날 때까지 보관하고 있을 뿐이라고 하여, 누군가가 자기를 범인 취급을 했다고 주장한다. 만일 그렇게 말하는 것이 바보 같은 소리라고 생각하면, 그는 입을 다물고 이야기하지 않는다. 이것을 '고백변비(告白便秘)'라고 부르고 있다. 이 생각의 기초가 되는 것은 말하지만 않으면, 허점을 이용당하지 않으리라는 것이다.

이와 같은 방법은 아이들 뿐만 아니라, 어른들도 쓰고 있으므로 주의하지 않으면 안 된다.

셋째 수법 ─ **선행에의 도피**

일시적으로 잘 보이게 하려는 것은 사람들한테서 물건을 속여서 빼앗을 때나, 벌을 피하거나 가볍게 받기 위한 구실로써 이뤄진다. 이것은 범인한테 힘을 축적시켜 또다시 공격시킬 기회를 주는 것이 된다.

성장한 딸이 양친과 떨어져서 약 2년간 아무런 소식도 없었다. 그러다가 어느 날 갑자기 돌아왔다. 그녀는 아주 변해 버린 것처럼 보였다. 아침식사 준비를 하고 집을 청소했다. 믿어지지 않을 만큼 사려가 깊고 행동이 점잖았다. 이 이유는 시간이 흐름에 따라, 차츰 확실하게 알려졌다. 그녀는 양친에게 알리지도 않고 게으름뱅이와 결혼했었다. 그녀가 임신하자 게으름뱅이 남편은 그녀를 버렸다.

그녀의 '선행'은 일시적으로 주의의 관심을 무디게 하기 위한 노력이었다.

넷째 수법 ─ **혼란을 일으킨다**

보즈워즈 브링프는 사기꾼이며, 게으름뱅이였다. 사무실에서 돈을 꿔가지고는 결코 갚은 적이 없었다. 갚아준 일이 있다고 한다면, 더욱 많은 돈을 빌릴 때뿐이었다. 만일 누군가가 그것을 문책하면, 그는 어떤 피할 방법을 취했다. 사이가 좋지 않은 두 사람의 비서한테 제각기 거짓 소문을 냈다. 마침내 소문은 퍼져서 혼란이 일어나고 보즈워즈의 악행은 그냥 지나쳐 버렸다.

그는 상사에 대해서는 다른 방법을 썼다. 머지않아 자기가 해고될는지도 모른다는 것을 알고서 점심 시간에 상사 방에 기어들어가 고의로 서류를 휘저어 섞었다. 그 뒤에 상사에게 중요한 서류가 보이지 않는다고 일러바쳐 동료의 탓으로 돌렸다. 상사는 보즈워즈가 서류의 미정리를 발견했다고 칭찬하고 다른 사람을 책망했다.

이와 같은 거짓말은 물론 언젠가는 발각되게 마련이지만, 잠시 동안은 사람들을 속일 수가 있는 것이다.

다섯째 수법 ―불쌍한 희생자처럼 보이게 한다

우리들은 범죄자의 처지에 동정한다. 대부분의 경우, 그들이 나쁘게 된 것은 학대받았기 때문이다. 그러므로 이와 같은 불행한 사람에게 갱생의 기회를 부여해 주려고 생각한다. 신상에 대한 이야기를 들어주는 것만으로도 좋다고 생각한다. 때로는 그와 같은 일이 좋을 경우도 있을 것이다. 그러나 개중에는 종종 상대방의 인정 많음을 악행의 구실에 이용하려고 생각하는 자가 있다.

‘가난했기 때문에’라든가, ‘올바른 것을 배우지 못했기 때문에’라든가 ‘옛날 사기를 쳐 잠깐 잘못을 범했습니다만⋯⋯’과 같은 말들을 그들은 한다.

아마도 이런 사람들을 도와주고 싶다고 생각할 것이다. 이것이 바로 그들이 노리는 표적인 것이다. 그들의 죄에 대해서 우리들이 변호하려고 할 때, 그들은 자기들의 악행이나 책임을 교묘하게 회피한 것이다.

여섯째 수법 —화를 내며 희생자인 체한다

이것은 다섯째 수법이 좀더 과장된 모양이다. 여기에서 구할 수 있는 것은 다른 사람의 동정심이 아니다. 도덕적 정의의 문제가 당당히 꺼내어진다. 다른 사람은 무관심한 사람이 아니라 악인이 된다.

그들의 주장은 이러하다. 차가 전주에 부딪친 것은 자기 방위 때문이라고 주장한다. 사람들은 이러한 일에는 조금도 속지 않으나, 그 사람에 대해 모르는 사람을 속일 수가 있다. 여기에 이 방법의 위험성이 있다.

히틀러가 얼마나 훌륭하게 이 수법을 썼던가. 독일은 베르사이유에서 매우 부당한 조약을 강요당했다고 그는 호소했다. 그가 바라는 것은 이 부정을 바로잡는 것만이라고 주장했다. 따라서 그의 죄는 모두 영국이나 미국에 돌려졌다. 이상주의자에게 특유한 궤변으로 영·미가 모든 도덕적 책임을 짊어지고 있다고 했다. 이 도덕감 교란의 결과가 제2차세계대전이었다.

'성난 희생자'의 방법은 욕지거리를 있는 대로 다하면서 동시에 요구를 점점 크게 해간다.

정당화를 위한 구실

구실은 중요하다. 구실이 명백히 턱없는 일이라고 생각되도 결코 경멸해서는 안 된다. 구실의 진의는 다른 사람을 속이는 것이 아니고, 자기 자신을 속이는 것이다. 구실을 통해서 사람들은 자기를 받아들여질 수 있는 모습으로 바꾸려고 한다. 이 사실을 안다면 사람들의 동기를 더욱 잘 이해할 수 있고 그들의 강박 관념적인 적의를 가진 행위로부터 자기를 지킬 수가 있다.

다음에 말하는 것은 경계하지 않으면 안 되는 다섯 가지의 중요한 구실이다.

나는 그 은혜를 받지 않았다

아이들은 모험이나 스릴을 맛보기 위해 물건을 훔치는 일이 있다. 훔친 물건은 대단한 것이 아니므로 드디어 그것을 잃는다거나, 부수어 버린다거나, 누군가에게 주어 버린다거나 한다. 말할 것도 없이 훔치는 것이 초래하는 해로움은 훔친 물건이 쓰여진다거나, 팔린다거나 하는 것과 똑같이 크다. 그러나 그들은 자기 이득이 되지 않았으므로 상관없다고 변명하려고 한다.

어른들도 자주 똑같은 짓을 한다. 실업가는 돈이 필요해서가 아니라, 경쟁에 이기고 싶어서 부정한 거래를 한다. 그는 존경을 얻기 위해서 자기 수확물의 일부를 내놓을는지도 모른다. 그리고 그는 무엇이나 욕심꾸러기였던 게 아니라, 훌륭한 일이었다고 하여 자기의 부정직함을 정당화하려고 한다. 그러나 이것은 도덕적으로는 구실이 되지 않는다. 어떠한 이익이 생긴다 할지라도 남한테 해를 끼친 이상 악은 악인 것이다.

사람들은 진리가 나타나더라도, 그 나타나는 방법이 자기들의 마음에 들지 않으면, 결코 그 진리를 승인하려 하지 않는다.

나는 뒤에 변상했다

이 구실에는 주의하지 않으면 안 된다. 거기에는 속임수가 있다. 이 구실을 쓰는 사람은 성실한 경우도 있으나, 그렇지 않은 경우도 있다. 그 차이의 예를 말해 보자.

성실한 경우— 어떤 사람이 음주 운전으로 사람을 죽였다. 그는 마음속으로부터 후회하고 보상하기 위해 온갖 짓을 다 했다. 예를 들면, 사망한 사람의 미망인과 아이들의 생활을 뒷바라지 할 것을 자발적으로 제의하고 나섰다.

이것은 본질적으로는 좋은 사람이 나쁜 짓을 한 예이다. 그는 선량했으므로 자기가 한 일을 마음속으로부터 뉘우치고, 자기가 할 수 있는 한의 손해 배상을 한다. 그렇게 함으로써 자기를 더욱 견고하게 선에 결부시킨다.

불성실한 경우— 어떤 깡패가 적대자를 없애 버렸다. 그는 장례식에 몇 백 달러 상당의 꽃을 보내고 미망인한테 5천 달러의 수표를 보냈다.

그는 얼마쯤은 상냥한 마음씨를 가지고 있지만 근본적으로는 나쁜 사람이다. 그가 후회하고 있는 것처럼 보이게 한 것은 나쁜 짓을 계속할 수 있게끔 자기 양심을 속여두기 위해서이다. 그의 '선행'은 자기 속에 있는 악에 힘을 주기 위해서이다.

여기에서 주의하고 싶은 것은 만일 '뒤에 변상한다'고 하는 말이 정말로 후회하고 있는 표시라면 그것은 선인이다. 그러나 이 말은 자기의 악행을 계속할 구실일는지도 모른다. 이 양자를 구별할 수 있는 안목을 갖출 필요가 있다.

우리들은 남의 앞에서 너무나 가면을 쓰는 습관이 붙어 버린 결과, 자기 자신 앞에서도 가면을 쓴다. —로슈프코—

그는 원래 그렇다

이 구실을 쓰는 사람은 "피해자는 내가 존중할 만한 사람이 아니다."라고 말하고 있다.

우리들은 누구나 모두 이러한 점을 조금은 가지고 있다. 특히 혐오감을 품고 있는 사람이 지독한 욕을 보면 우리들은 기다렸다는 듯이 기뻐한다.

사람들은 즐거이 이 구실을 쓴다. 그들의 상대방이 '나쁘다'고 하는 정의가 얼마나 애매한 것인가를 주의해 보는 게 좋다. 유태인이므로 나쁘다. 흑인이므로 나쁘다. 공산주의자이므로 나쁘다. 이런 것으로 나쁘다고 단정해 버린다. 판단을 내리는 사람으로 본다면, 어떠한 사람이라도 나쁘다고 말하려면 말할 수 있다. 히틀러는 그가 박해하고 죽인 몇 백만 명이라고 하는 유태인이나 슬라브인을 '나쁜' 열등 민족이라고 말하여 자기를 정당화하려고 했다.

또 다른 경우 결점이 있는 피해자는 권리가 없다고 생각한다. 예를 들면, 동성연애자, 마약 중독환자, 사기꾼 따위이다. 매춘부나 하층 사회의 사람들은 채이기도 하고 맞기도 한다.

때로는 이 구실을 쓰고 싶다고 생각하는 사람은 다른 사람의 결점—정말이건, 상상이건—을 끄집어내어 부정이나 무분별을 고쳐준다고 하는 명목으로 사람을 공격한다.

이 전술은 용이하게 분별된다. 그것이 쓰여질 만한 때에 주의를 하고 있으면 된다. 특히 사람들이 소수 민족에 속해 있는 경우에 주의할 일이다.

먼저 다른 사람이 그것을 나에게 했다

'누군가가 내 시계를 빼앗았다. 그러므로 돌려받기 위해 훔치고 있을 뿐이다.'

훔쳐간 사람한테서 훔쳐서 되찾으면 뭔가 이유는 있다. 그러나 이런 사람은 보복으로 누구한테서나 마구 훔치고, 누구에게든 해를 준다. 비뚤어진 논리로 누구에게 보복을 해도 좋다는 것이다.

다른 방법으로는 손에 넣을 수 없다

만일 사활 문제라면(가령, 굶어죽게 된 사람이 먹을 것을 훔친다). 여기 이 원칙은 정당화된다. 그러나 무엇이든 자기가 바라는 대로 하기 위해서 정당화하는 사람이 있다.

그들 가운데에는 주의하지 않으면 안 될 두 종류의 인간이 있다. 도덕 기준이 결여되어 있어 욕망의 억제가 불가능한 사람과 특정물에 대한 욕망이 매우 강해 사활 문제처럼 생각하는 사람이다. 이것도 저것도 다 손에 넣지 않으면 용납할 수 없는 사람을 만난다면 경계할 일이다.

책임을 회피하기 위한 구실

제2차세계대전 후, 독일을 점령한 연합군이 직면했던 문제는 나치당원을 발견해 내지 못했다는 사실이다. 붓펜바르드의 살육과 같은 굉장히 잔혹한 기록을 보이고 추궁해도 당원들은 무죄를 주장했다. 그러한 사실은 알고 있었든 알지 못했든 어떻게 할 수가 없었고, 다만 명령에 따르는 외에 자신들은 별도리가 없었다고 극구 주장했다.

이와 같은 구실을 쓴 독일인은 근본적으로는 우리들과 다르지 않다. 우리들도 똑같은 말을 해서 자기를 지킨다. 악행을 추궁하면 집단의 탓으로 돌린다.

사람들이 자기가 한 짓을 자기의 잘못이 아니라고 사람들에게 믿게끔 하려고 하는 구실을 네 가지 말해 보자. 이 네 가지 종류를 유의해 두면, 그러한 구실을 들었을 때에 그 논법의 잘못을 바로 알아차리고 어떻게 대처할 것인가를 잘 알 수 있을 것이다.

사람들이 하니까 나도 했을 뿐이다

창고에서 일하고 있는 사람이 회사의 물건을 훔쳐서 외부에다 판다. 붙잡히자 그는 다른 사람도 똑같은 짓을 하고 있는데 자기가 붙잡힌 것은 운이 나빴기 때문이라고 상사를 향해 대들었다.

이 논리가 틀리다는 것은 명백하다.

다수결에 의해서 과학이나 도덕의 진리는 결정되는 것이 아니다. 지구가 둥글다면, 가령 모두가 그것을 평평하다고 믿어도 둥글다. 나쁜 행위라면 가령 모두가 그것을 행하더라도 나쁘다. 만일 도의가 바르다면 그것을 지키든 않든 바르다.

우리들은 이와 같은 구실에 속아서는 안 된다.

모두가 그에 가세하고 있었다

군중은 잔혹한 것도 태연하게 한다. 어째서인가? 그것은 커다란 단체의 일원에 불과하다라고 자기를 정당화하기 쉽기 때문이다. 일단의 소년들이 학교 창문에서 돌을 던진다. 몇몇의 어른들이 린치를 가한다. 견책을 당하면 "왜 나만을 꾸짖는가? 모두들 함께 했는데."라고 말한다.

해로운 행동에 가세하고 있는 사람의 수가 많다고 해서 한 사람 한 사람의 죄가 가벼워진다거나 줄어들지 않는다.

동료가 나쁘다

이것은 우리들이 자주 듣는 구실이다. 이것은 다음과 같은 경우이다.

"나는 근본은 좋은 인간이다. 그러나 나쁜 동료와 어울렸다. 그들과 함께 있을 때 무기력함을 보인다거나 동료를 배신한다거나 할 수 없었다. 내가 이처럼 된 것은 친구들에게 전심 전력했기 때문이다."

이 '나쁜 동료'의 구실은 때로는 무언가의 진리를 포함하고 있으나, 의심해 볼 필요가 있다. 이런 말을 하고 있는 사람 자신이 다른 사람을 꼬시는 '나쁜 동료'인 경우까지 있다.

사람들은 나쁜 동료와 강제적으로 교제를 당하는 일은 좀처럼 없다. 그들은 자기 스스로가 나쁜 동료를 가려내는 것이다. 선택했으므로 집단이 범하는 죄에 대해서 당연히 책임이 있을 수밖에 없다.

✹ 어리석은 자를 닮지 않기 위해서는 어리석은 자의 말에 ⋯지 말라 —세네카—

그들이 나에게 그것을 시켰다

집단에 속한 사람들은 자기가 바라든 바라지 않든, 그 단체가 요구하는 것을 하지 않으면 안 된다. 그러나 이것은 나쁜 짓을 해서 붙잡힌 사람이 자기 행위를 다른 사람한테—그리고 특히 자기에게—정당화하는 때에 쓰이는 구실이다. "그들이 나한테 그것을 시켰다."고 하는 구실의 합법성은 그 사람이 강제를 당한 정도에 의한다.

이 장의 목적은 이와 같은 주장에 대해서 반발하는 것이 아니라, 이와 같은 주장을 발견하여 진상을 이해하는 데 있다. 사람과 사귀는 데는 어떠한 때에 어떤 주장이 오고, 어떠한 때에 옳지 못한가를 분별할 수 있는 능력이 관계되기 때문이다.

집단의 기준을 알 것

앞의 7장에서 집단 관계가 얼마만큼 중요한가를 이야기했다. 사람들은 자기가 관계하는 집단의 눈을 통해서 사물을 본다. 생활의 기준을 친구의 기준에서 구하는 일도 있다. 다섯 개의 연구 가운데 네 개까지가, 우리들은 친분이 얕은 사람들의 집단 가운데서 가장 잘 활동한다는 연구 결과를 나타내고 있다. 그러나 우리들은 친구들의 집단 가운데서 가장 잘 생각하고, 가장 많은 영향을 받는다. 나쁜 습관을 극복하는 제일 간단한 방법은 집단을 바꾸는 것이라는 게 심리학적으로 증명되었다. 그 사람이 속하는 집단을 아는 것이 사람들과 더욱 잘 사귀는 데 도움이 되는 이치를 조금만 더 제시하겠다.

조그마한 종파(宗派)에 속하는 사람들은 보통 사람들보다 높은 급료로 하인 자리를 얻을 수 있다. 어째서일까? 그것은 그들이 양심적으로 일을 하고 훔치는 짓을 하지 않았기 때문이다. 물론 개인이 모두 그 집단과 같은 성격을 가지고 있다고는 말할 수 없으나, 소속하고 있는 집단을 알면, 그 사람에 대한 대체적인 것을 알 수가 있다.

대부분의 교사나 사회사업가는 불량 소년을 개인으로서 다루는 것은 시간 낭비라는 것을 알았다. 아무리 노력해도, 또한 그 소년이 아무리 성실하게 갱생한다고 약속해도, 그가 과거의 집단으로 돌아간다면 도로아미타불이기 때문이다. 그러나 소년 하나만을 별개로 하지 않고, 집단 전체를 갱생시키려고 한다면 진보가 보인다.

집단의 기준에 거슬러서 움직이면 아무런 효과도 기대할 수 없다. 집단의 기준을 발견하고 그 기준에 따라서 일을 한다면 참다운 진보를 기대할 수 있을 것이다.

사람들이 상대방을 속이는 데 쓰는 수법
① 숨기는 일
② 속이는 일
③ 선행에의 도피
④ 계획적으로 혼란을 일으킨다

⑤ 가엾은 희생자로 가장한다
⑥ 성난 희생자로 가장한다

사람들이 자기를 정당화하고 상대방을 속이기 위해 쓰는 다
섯 가지 구실,
　① '나는 개인적으로는 그의 덕을 보지 않았으므로 상관
　　 없다.'
　② '나는 뒤에 변상했다.'
　③ '그는 당연한 보상을 받은 것이다.'
　④ '먼저 그것을 다른 사람이 내게 했다.'
　⑤ '나는 다른 방법으로는 그것을 얻을 수가 없었다.'

사람들이 책임을 자기한테서 집단에 전가시키는 네 가지 방
법,
　① '다른 사람이 그것을 하고 있다. 그러므로 내가 하는 것
　　 도 당연하다.'
　② '모두가 그에 가담했었다. 그런데 왜 나만이?'
　③ '동료가 나쁘다.'
　④ '나는 하고 싶지 않았지만, 그들이 나에게 그것을 시
키렸다.'

집단의 기준은 개인의 행위에 강한 영향을 준다. 만일 사람
들이 소속하고 있는 집단과 그 집단의 기준을 알고 있으면, 그
사람으로부터 무엇을 기대할 수 있는가를 잘 알 수 있는 방법
이 된다.

제6부

사람을 움직이는
가장 효과적인 방법

모든 사람은 타인 속에
자기의 거울을 가지고 있다. 그 거울에
의하여 자기 자신의 죄악이며,
결점을 똑똑히 비추어 볼 수가 있다.
그러나 우리는 개가 이 거울에 대하여
개와 같은 행동을 하고 있다.
거울에 비치는 것이 자기가 아니라,
다른 개라고 생각하고 짖어대는 것이다.
―쇼펜하우어―

제14장

사람을 움직이고 친구로 지내려면

이 책에서 맨 처음부터 나는 사람과 사귀는 가장 좋은 방법은 무엇을 기대할 수 있는가를 알 정도로 사람을 잘 아는 것이라고 말해 왔다. 장마다 나는 이것을 알기 쉽게 이야기해 왔다. 인간이 어떠해야 하는가가 아니라 현실이 어떠한가 하는 것이다.

나는 어째서 사람이 모순된 행동을 하는가, 또한 사람들과 더욱 잘 사귀기 위해서는 이들의 행동을 어떻게 해석할 것인가에 대해서 이야기해 왔다.

그러나 사람을 아는 것만으로는 충분하지 않다. 우리들은 사람들을 움직이고 조종하고 싶다고 생각한다. 나는 이 책의 맨 처음에 이 중요한 조종의 문제에 접근할 것을 약속했다. 이제

슬슬 그것에 대해 말하겠다.

사람을 조종하는 경우에 두 가지 문제가 제기된다. 그 하나는 어떻게 하여 사람들을 움직일 것인가 하는 것, 또 하나는 어떻게 하여 자기가 바라는 방향으로 이끌고 갈 것인가 하는 것이다. 후자는 매우 어려운 문제이다.

열여섯 살이 되는 아들아이가 공부를 게을리하고 있다고 하자. 아들을 꾸짖으면 과연 그는 부모가 이르는 말을 들을 것이다. 그러나 어느 방향으로 움직일 것인가? 압력을 가하게 되면 더욱 열심히 공부하는 것일까? 나쁜 친구들과 어울려서 불량스럽게 될는지도 모르고, 학교를 그만두고 취직할는지도 모른다.

만족한 인간 관계를 위해서는 다른 사람을 움직이는 방법 뿐만 아니라, 압력을 가하면 어느 방향으로 움직이는가를 알 필요가 있다.

만일 문을 열고 싶다고 생각한다면, 도끼보다도 그 문에 맞는 열쇠를 가지고 오는 편이 훨씬 좋다. '조종'이라고 하는 문제에서는 무엇이 가능하고, 무엇이 불가능한가를 안다면 다른 사람과의 심각한 갈등을 피할 수가 있다. 여기에서도 몇 번이고 인용한 '사람으로부터 무엇을 기대할 수 있는가를 알고서 사람과 사귄다.'고 하는 것을 이야기하자.

'조종'에 있어서도 무엇을 기대할 수 있는가를 아는 것이 매우 중요하다.

인간의 원격 조종

'조종'을 인간 관계의 기본이라고 생각하는 사람은 이와같이는 말하지 않는다. 인간 관계의 문제를 기계적인 공식에 맞춘 책이 출판되기도 하고, 강좌가 열리기도 하고 있다. 이런 책들이나 강좌는 인간을 자동차 운전과 똑같이 생각하고 있다.

이 사고 방식의 난점은, 사람은 종이 본〔紙型〕에 따라 잘리거나, 조립 공장에서 생산되는 것이 아니라는 것을 빠뜨린 사실이다. 충고를 실행에 옮기는 사람이 있는가 하면, 옮기지 않는 사람도 있다.

인간 관계의 원격 조종설이 무리인 것은 사람은 기계가 아니기 때문이다. 효과를 나타내기 위해서는 조종이 올바른 장소와 시간에 쓰여지지 않으면 안 된다. 사람들과 잘 사귀려면, 조종을 써서 어떤 일을 할 수 있으며, 동시에 어떠한 일이 불가능한가를 알지 않으면 안 된다. 이 문제를 토론하기 전에 조종의 한계를 살펴보자.

인격까지는 바꿀 수 없다

양은 자기를 잡아먹으려고 하는 늑대를 속일 수가 있을는지 모르나, 늑대의 성격까지 바꿀 순 없을 것이다. 인간을 싫어하는 사람을 만나면 책략을 써서 그를 어떻게 변경시키려고 생각해서는 안 된다.

노이로제인 상대자는 금물

프랭크 프라터가 짐 사이너를 고용한 것은 그가 능력있는 기사이기 때문이다. 프랭크는 또한 짐이 한군데 직장에 오래 머물 수가 없는 것도, 동료와 어울려서 잘 일할 수 없는 것도 이미 알고 있었다. 그러나 그는 그것은 짐을 다루는 방법을 모르기 때문이라고 생각했다.

프랭크는 짐에게 우호적으로 접촉했다. 그는 짐의 과거에 있었던 실패에 대해서는 아무것도 말하지 않았다. 동료가 모두 자기한테 반대한다고 짐이 불만을 말할 때에도 프랭크는 잠자코 들어주었다. 그는 짐이 클래식 음악에 흥미를 가지고 있음을 알고, 매일 밤 그것을 함께 들으며 지냈다. 또한 짐의 자기 변명의 장광설도 들어주었다.

처음엔 프랭크의 계획은 성공할 것처럼 생각되었다. 짐은 프랭크에게 감사하고 처음으로 참다운 친구를 만났다고 말했다. 프랭크가 자기 시간을 짐을 위해 할애하고 있는 동안은 사태는 잘 되어갔다. 그러나 몇 주일이 지나도 짐은 잘 되어가지 않고, 더욱 나빠졌다. 그는 점점 프랭크한테 많은 것을 요구하게끔 되었다. 프랭크가 다른 친구들과 지내려고 하면 짐은 격렬한 말투로 프랭크를 힐난하고 책망했다.

나중에는 결국 프랭크는 짐을 단념하지 않으면 안 되었다. 프랭크는 자기의 요구만을 하고 아무것도 주지 않는 짐한테 싫은 정이 들었다. 거기에서 그는 짐한테 잠자코 일을 하든가, 그것이 싫으면 나가라고 말했다.

짐은 어떠했는가? 그는 프랭크한테 증오심을 가지고 말했다.

"나는 누구나가 나의 적이라는 것을 알고 있었어. 그렇지만 그들은 친구들인 체하지 않았어. 너는 최악의 위선자다."

짐은 뿌리 깊은 노이로제에 걸려 있었다. 그에게 필요한 것은 조종의 기술이나 책략이 아니라, 근본적인 정신 요법이었다.

이와같이 노이로제인 사람을 희한하다고 생각해서는 안 된다. 우리들은 모두 조금은 그러한 경향이 있으며, 어떤 사람은 상당히 그렇다. 노이로제인 사람을 움직이려고 해도 틀림없이 실패할 것이다. 그리고 그 실패는 성공했다고 생각했을 때에 가장 크게 나타난다.

인간 관계를 '기술'로 처리하려고 하자면, 한층 더 사물을 악화시킨다. 아이들이 손가락을 빨거나 자면서 오줌 싸는 버릇을 '기술'로 고쳤다고 기뻐하는 부모는 증상만을 고친 데 불과한 것임을 뒤에 발견할 것이다. 아이들의 이 나쁜 습관은 뒤에 원래보다 훨씬 나쁜 모양으로 되어 나타난다.

기술이나 책략은 열매를 맺지 않았을 뿐만 아니라, 뛰어난 의도를 가진 보통 사람한테는 위험까지도 있다. 고슴도치나 스컹크와도 사귈 수 있는 방법은 있지만, 우리들이 무엇을 기대할 수 있는가를 알고, 그 본질을 바꾸려고 노력하지 않는 데 한한다.

무리를 강요함은 실패의 원인

짐은 뛰어난 자동차 수리공이었다. 그는 관대하고 친절하며 정직한 사람으로, 게다가 좋은 남편이었다. 그의 아내 도리스는 야심을 가졌다. 그녀는 짐이 유명하게 되는 것을 바라고 남편에게 그것을 실현시키는 것이 아내의 임무라고 생각했다. 두 사람이 결혼하여 이윽고 그녀는 그에게 야간학교에 가서 공부하여 기사가 되라고 권했다. 학교에 가면, 학점을 따서 졸업할 수가 있을 것이나 짐은 그것을 좋아하지 않았다. 그러나 아내를 기쁘게 하기 위해서 그는 입학했다. 그 이후, 그의 성격은 깡그리 바뀌었다. 그는 성미가 까다롭게 되고 술을 마시며 다른 여자한테 흥미를 갖게끔 되었다. 도리스가 깜짝 놀라 인생 상담소를 찾아가자,

"짐에게 너무 많은 것을 강요하지 말고, 본래의 모습으로 돌려보내 주십시오." 하는 충고를 받았다. 그녀는 그대로 해서 결혼의 파멸을 구했다.

때때로 원조와 격려는 사람들에게 마술이 되어 작용할 때도 있다. 그러나 남에게 무리를 강요한다거나, 또한 남이 무리를 강요하는 것을 허락한다거나 하면 곤란한 일이 발생된다.

기술을 가지고 되는 일

조정도 책략도, 어느 한정된 목적에 이용하면 효과가 있다. 가령 상품을 파는 경우에는 설득이나 조종 기술이 효과를 나타낸다.

지금 일을 찾고 있다고 하자. 이 경우엔 물론 응모할 뿐만 아니라, 자기를 '팔' 필요가 있다. 자기의 제일 좋은 면을 내놓는 데 따라서 그 직업을 손에 넣는 기회가 늘어난다. 그것은 우리들의 수완에 달려 있다.

또 하나의 예를 살펴보자. 치과의사한테 아들을 데리고 가기로 약속을 했었는데, 아들은 가기 싫어했다. 아들은 가지 않겠다고 여러 가지 방법을 끄집어낸다. 그에 대해 부모는 위협하고, 뇌물, 자존심에의 호소, 약속 등 여러 가지 수단으로 대항한다. 그 결과 진료 시간까지 아들을 데리고 가는 데 성공한다.

지상(至上)의 처세술은 타협하지 않고 적응하는 것이다. ─짐멜─

조종이 성공할 듯한 때라도, 우리들은 생각해 두지 않으면 안 될 일이 있다. 어떤 사람이 자기에 대한 것을 한 시간이나 이야기하는 것을 내 친구는 계속 듣고 있었던 일이 있었다. 이는 내 친구가 그에게 강한 인상을 주고 싶다고 생각한 사람이었다. 친구는 뒷날 나에게 말했다.

"나는 역시 친구를 얻었지만, 그는 적을 한 사람 만들었다."

미시간 주의 A.C. 포스 교수는 연구의 결과, 사람들은 다른 사람의 이야기에 귀기울이는 것을 싫어한다(들을 때엔 긴장이라고 하는 대가를 지불하므로)라고 하는 결론에 도달했다. 우리들도 인간이다. 자기한테 중요한 사항이 있다. 자기의 귀중한 시간을 얼마만큼 할애해서 얼토당토 않는 지루한 이야기를 들을 수 있단 말인가. 우리들은 진실한 친구가 되어줄 사람을 구한다. 원만히 일을 처리하기 위해 기교를 부리지 않아도 좋을 사람을 바란다. 상대방의 기분을 해치지 않기 위해 굽신거리고 알랑거린다고 해도 한도가 있다. 만일 누군가가 화를 낼 만한 말을 한다면, 그렇게 하는 것이 좋은 일이든 나쁜 일이든 반론하고 싶어진다. 또한 실제로 반론하는 편이 좋을 경우가 있다. 반론하는 데 따라서 노예가 되거나 위선자가 되거나 하지 않아도 좋기 때문이다. '파는 것'을 하나쯤 잃을는지도 모르지만, 자존심을 보존하는 것으로 장기전에서 이길 수가 있다. 마치 전투에 지고 전쟁에 이기는 것과 같은 것이다.

사람을 움직이는 다섯 가지 방법

그럼 예외를 제외하고, 그밖의 경우는 어떠한가? 사람을 움직이는 게 이익이 되는 경우가 반드시 있다. 다음에 다른 사람을 움직이는 다섯 가지 주된 방법을 말하겠다.

첫째―**사람을 즐겁게 해줄 것**

이 사실은 보통 리스트에는 포함되어 있지 않다. 사실 사람들한테 호감을 사고, 자기 생각에 귀를 기울이게끔 하는 가장 확실한 방법은 즐겁게 해주는 일이다. 이 세상 가운데의 대부분의 오락은, 가수, 댄서, 배우, 곡예사에 의해서 제공되는 게 아니라, 보통 사람들에 의해서 보통 생활 속에서 이뤄진다.

무엇이나 특기로 삼는 것, 자연스럽게 되어지는 것이 있다면 그것을 이용할 일이다. 나는 흥미 깊게 매력적으로 이야기할 수가 있을까? 즐거운 이야기를 알고 있지 않은가? 악기를 연주하거나, 마술을 하거나, 탭 댄스를 출 수 없을까? 게임을 하는 방법을 사람들에게 가르칠 수 없단 말인가? 하고 생각해 본다.

만일 사람 앞이라는 것을 염두에 두어 즐겁게 할 수 없다면, 아이들의 자발적인 장난에서 힌트를 얻을 일이다. 어떤 부인은 가장 즐거웠던 일의 추억은 그녀가 열한 살의 조카를 뉴욕 여행에 데리고 갔을 때의 일이었다고 말하고 있다. 여행중에 하거나, 보거나 했던 것은 특별히 흥미있었던 것은 아니었으나, 소년이 매우 재미 있고 우습게 행동했다. 조카는 자동 판매식 요리점에서 식사를 했을 때에도 눈을 초롱초롱 굴리며 기뻐했으므로 그 여행은 모두 그녀한테는 기쁜 일이었다. 웃는 얼굴을 보이기도 하고, 뜻모를 말을 지껄이는 갓난아기는 틀림없이 사람을 즐겁게 한다. 누구나 직업적인 연예인이 되지 않아도 좋다. 다만 자연스럽게 행동하면 되는 것이다. 사람을 즐겁게 하는 능력은 인기를 얻고 받을 수 있는 첫걸음이다.

둘째 — 사람들에게 중요하다고 느끼게 하라

이 일에 대해서는 많은 사람들이 여러 가지 분분한 의견을
말하고 있다.

① 웃는 얼굴로 격려할 일

② 이름을 외우고 올바르게 부를 일

③ 잘 듣는 사람이 되는 일

이와 같은 태도는 다른 사람에게 자기를 중요하다고 생각하
게 하므로 그 효력이 있을 경우가 많다.

다른 사람이 자기 사고 방식을 택해 주기 바란다고 생각할
때가 있을 것이다. 이 기술이 매우 능란한 사람이 있다. 그런
사람의 수법은 우선 한두 가지 힌트를 준다. 만일 다른 사람이
흥미를 나타내고 반응한다면,

"그 생각은 훌륭해요. 더 상세하게 이야기해 주게."라고 말
한다.

이것은 얼마쯤 간단하게 표현되어 있으나, 상대방은 '주의를
모으고 승인을 받는 것에 기분이 좋아서' 설명을 계속한다. 설
명을 마칠 때까지 그는 그것이 처음부터 자기 생각이었다는 것
을 확신한다. 물론 그렇게 되면, 그는 그 생각을 지지하지 않
을 수 없다.

그러나 가장 효과적인 방법은 순수하게 상대방에게 흥미를
갖는 일이다. 이것은 생각보다 쉬운 일이다. 첫째 단계는 상대
방에 대해서 무언가를 찾아낸다. 상대방은 결혼했는가? 아이

가 몇 있는가? 직업은 무엇인가? 그것을 좋아하고 있는가?
기회를 준다면 상대방은 이것들에 대해 기쁘게 이야기해 줄 것
이다. 그리고 당신은 상대방을 좋아하게 되고 상대방도 마침내
는 당신을 좋아할 것이다.

셋째 ― 자기도 동료라고 느끼게 하라

집단 관계는 사람들에게 매우 중요하다. 새로운 집단에 들어
와서 여러 가지 점에서 집단내의 사람들과 다르다고 생각되어
지면 손해이다. 될 수 있는 대로 많은 공통점을 발견하고, 그
것을 끄집어내면 그 집단에 빨리 친숙해진다.

정치가는 이 길에 있어서 숙련자이다. 그들은 특정의 투표자
집단과의 연대감을 끄집어낼 뿐만이 아니다. 동네 중심부로부
터 좀처럼 나간 일이 없는 후보자라 할지라도, 주의회에 출마
하게 되면, 표를 획득하기 위해 농민의 손을 어루만지고 있는
사진을 찍게 한다.

또한 다른 후보자는 가정이 원만하다는 것을 나타내기 위해
갓난아기한테 키스를 하기도 하고, 노동자의 표를 얻기 위해
기관사 모자를 쓰고 굳은 악수를 하기도 한다. 자기도 동료 중
의 하나라는 것을 느끼게 하기 위해 교회, 컨트리 클럽 그 외의
집회에 참가한다.

넷째 ― 취미를 찾아라

누구나 취미를 가지고 있다. 취미는 골프, 정원가꾸기, 우표
수집, 작은 새에서부터 화산학, 호두껍질 조각에 이르기까지

각양 각색이다. 사람의 취미를 알고 자기도 거기에 홍미를 가지고 있는 것을 나타내는 일이다. 그것이 사람을 움직이거나, 사람들에게 무언가를 팔려고 할 때에 가장 효과적인 가까이 다가가는 방법이다.

재미있는 것은 취미 얘기를 직업 얘기 하는 것보다도 사람들은 더 좋아하는 경우가 많다. 법률가한테 그의 법률 지식에 대해 칭찬해 주면 싫증을 내거나 무언가 음모가 있다고 생각케 할지도 모른다. 그러나 그림이라든가 농장 따위의 전문적인 것 외의 것을 칭찬하면, 그의 눈빛은 반짝이기 시작한다.

취미를 가지고 있지 않는 듯한 사람까지도 자기에게는 홍미를 가지고 있는 것이다.

다섯째 — 안정감의 원천이 되어라

사람은 큰소리를 치고 자신만만한 것처럼 행동하지만, 내심으로는 겁쟁이로 벌벌 떨고 있다. 그래서 가련할 정도로 다른 사람의 동의에 마음을 쓰고 있다. 그런 사람은 자기 과거를 숨기고 있으나 언제 발견될 것인가 하고 조마조마하고, 겁에 질려 살아가고 있다.

다른 사람과 잘 사귈 경우, 주된 일의 하나는 재판관으로서 상대방을 비난하는 게 아니라, 친구로서 힘이 되고 싶다고 생각하는 증거를 상대방에게 주는 일이다.

상대방의 신뢰를 얻는 또 하나의 방법은 잘못을 정직하게 인정하는 일이다. 이 지혜는 부자 관계에 대해서도 적용된다고 말할 수 있다. 부모는 아이들 앞에서는 전지 전능의 신으로서 군림하지 않으면 아이들은 존경하지 않는다고 생각한다. 그러나 이 사고 방식만큼 잘못된 것은 없다. 아이들이 드디어 양친이 신이 아니라는 것을 발견하고, 부모가 그래도 신인 것처럼 하고 강제적으로 대한다면, 그들은 양친을 거짓말쟁이라 하여 경멸하게 될 것이다. 아이들은 양친이 정직하면 더욱 존경한다.

똑같은 이치로 만일에 교사나 관리가 자기 잘못을 정직하게 인정한다면, 학생이나 대중은 그들에게 완벽을 구하지 않을 것이다. 잘못을 자기 쪽에서 솔직하게 인정하면, 다른 사람은 자기 잘못에 대해서도 훨씬 마음 가볍게 느낄 것이다. 당신은 상대방에게 위협적인 존재가 아니고, 상대방은 당신을 친구로서 받아들이기 쉽게 될 것이다.

또 하나 도움이 되는 것은 사물을 다른 사람의 관점에서 보는 것이다. 자기가 만일 상대방의 입장에 선다면 어떻게 보일 것인가. 자기를 상대방의 입장에 놓는 것은 여러 가지 이유로 사태를 용이하게 한다. 우선 판단을 내릴 경우가 이전보다도 가혹하지 않게 될 것이다. 그리고 다른 사람에 대해서 더욱 우호적으로 대하게 될 것이다. 이런 일로 해서 상대방의 신뢰를 더욱 크게 할 수가 있을 것이다.

상대방의 견지에서 문제를 볼 때에 상대방도 기꺼이 당신의 견지에 서서 문제를 볼 것이다.

남을 돕는다

남을 움직이고 싶다고 생각할 때에는 그들로부터 무언가를 얻으려고만 말고 그들을 도와줄 일이다. 친절한 행위는 당연히 장려되지 않으면 안 된다. 길가에서 차가 고장나서 쩔쩔매고 있는 사람을 본다면 수리 공장에 데려다 준다. 갓난아기하고 식료품 보따리를 들고서 무거워 어쩔 줄 모르는 부인이 있다면 손을 빌려준다. 친구가 실망하여 낙담하고 있으면 격려의 말과 웃는 얼굴로 도와준다. 이와 같은 행위에는 당황하는 사람도, 더욱 종속된다고 느끼는 사람도, 중대한 의무를 느끼는 사람도 없다. 누구나가 이익을 받고, 그 가운데서도 특히 자기 자신이 이익을 받는 것이 된다.

그 외의 원조는 아무리 좋은 의도에서 나온 것이라 할지라도 위험이 수반된다. 내가 소년이었을 때, 소꿉친구 중 한 명이 게걸음을 하고 있었다. 어느 날, 그것을 모르는 소년이 그에게 말했다.

"어떻게 된거냐? 왜 똑바로 걸을 수 없느냐 말이다. 내가 그 발을 고쳐주겠다."

그는 소년의 발을 붙잡고 비틀어 돌렸다. 소년은 아파서 큰 소리를 지르고 그것을 들은 그의 어머니가 매를 들고 쫓아 왔다. 아무것도 모르는 소년은 도망치면서,

"도와주려고 생각했을 뿐이야."라고 말했다.

이 경우에 어딘가에 잘못이 있었던 게다. 아마 낯설은 소년은 정말로 도와주려고 생각했을 것이다. 그의 잘못은 지식도 기술도 없었기 때문이다(훗날 어느 외과의사가 수술을 해서 실제로 발을 똑바로 고쳤다).

이 소년이 불구 소년의 발을 고치려고 하던 방법처럼 남의 생각을 고치려고 한 일은 없는지? 어쩌면 상대방의 생각은 비뚤어졌을 것이다. 그와 같은 생각을 미신이라고 공격한다거나, 그 위선을 폭로하거나 할 때에 자기는 고귀하여 영웅적인 것을 하고 있다고 생각할는지도 모른다. 아파서 큰 소리를 지르고

있는 사람은 도와주려고 하는 노력을 감사해야 한다고 생각할 는지도 모른다. 그러나 정신 분석의사, 사회사업가, 선생이라 고 하는 전문가가 아닌 한 다른 사람을 고쳐주려고 하는 의도 는 고통을 일으킬 뿐만 아니라, 그밖의 해까지 끼칠 뿐이다.

전문가일지라도 사람들이 직면하고 있는 문제를 알지 않으면 안 된다. 아이 팔뚝에 바늘을 찌르는 의사는 아이의 생명을 구 하고 있을는지는 모르지만, 아이는 그 사실을 모른다. 아이 눈 에는 의사가 '아픔을 주는 나쁜 사람'으로 비친다. 치과의사의 경우도 그와 같은데, 구하기 위해선 사람을 아프게 하지 않으 면 안 된다. 목사조차도 사람들을 구하기 위해 아픔을 주지 않 으면 안 된다.

이 책 독자 가운데는 나에게 가시돋친 편지를 써서 노여움을 표명할 사람이 있을는지도 모른다. 나는 전문적이 아닌 사람은 결코 다른 사람을 고쳐서는 안 된다고 말하고 있는 것은 아 니다. 내가 말하는 것은 당신이 단순한 친절 이상으로 깊이 들 어가면 그 단계의 분야에서는 전문적 능력을 필요로 할는지도 모른다고 하는 것이다. 그리고 아무리 풍부한 지식과 기술을 가지고 있더라도 다른 사람에게 고통을 준다. 어떤 사람은 그 것을 알지 못하기 때문에 가장 도움이 되었던 사람까지도 두드 려서 아픔을 주게 한다. 그런 경우에는 그들의 감정과 행위를 받아들일 일이다. 순교자 정신을 가지고서가 아니라, 자기 사 업상에 초래되는 위험의 하나로서 받아들이는 것이다.

무엇을 기대할 수 있는가를 아는 것이 인간 관계를 잘하기 위해 가장 중요한 일이긴 하나, 때로는 어떻게 하여 사람을 움직일 것인가를 알지 않으면 안 된다.

　실제로 사람을 움직이기 위해서는 다음 다섯 가지 방법을 실행해야 한다.

① 상대방을 즐겁게 해준다.
② 상대방에게 중요하다고 느끼게 하라.
③ 상대방의 동료 중의 한 사람이라는 것을 느끼게 하라.
④ 상대방의 취미를 찾아라.
⑤ 안정감의 원천이 되어라.

제 15 장

특수한 방법

앞 장에서 말한 조종의 일반적 방법 외에 보통 쓰이는 많은 특수한 방법이 있다. 다른 사람을 움직인다거나, 상대방이 쓰는 방법을 발견하기 위해서는 이 특수한 방법도 알아둘 필요가 있다.

사람을 움직이는 특수한 방법

'예'라고 대답하게 하는 법

상대방이 '예'라고 대답할 만한 일련의 질문을 하는 일이다. 이런 따위의 질문을 계속하여 마지막에 사인할 때도 '예'라고 대답하게 한다.

　예를 들면, 아이들용의 백과 사전을 팔고 있다고 하자.

　"선생이 보호자 되십니까?"

　"예."

　(여기에서 상대방에게 연령, 학년, 흥미 따위의 아이에 대한 상세한 것을 이야기하게 한다.)

　"선생은 자제분이 학교에서 훌륭한 사람이 되어주기를 바라고 계시겠죠?"

　"예."

　"학교를 나와서도 성공하기를 바라겠죠? 그러므로 학교에 다닐 때는 실력있는 아이가 되어주기를 바라겠죠?"

　"예."

　"이 일을 보장하기에는 정말 큰일이 아닐 수 없군요."

　"예."

　"이 일로 무언가 도움이 되어줄 것이 있었으면 좋겠다고 생각하시겠군요?"

　"예."

　"어떤 장정(裝幀)의 것이 좋으신지. 그리고 지불은 어떤 방법을 바라시는지요?"

'어느 쪽으로 하겠습니까?'의 방법

　위 대화의 마지막 말이 이 방법의 예이다. 세일즈맨이 "그것을 사두지 않으시겠습니까?"라고 말하지 않고서 "어느 것으로 하시겠습니까?"라고 묻는 편이 성공률이 많다. 다시 말하면, 상대방에게 받아들일 것인가, 거부할 것인가의 하나를 선택하게 하는 것이 아니라, 두 개의 받아들일 방법 중 한쪽을 선택하게 하는 것이다.

상대방의 페이스에 맞추어 설득하는 법

결심하기까지에 시간이 걸린다. 그러므로 이런 사람에게는 빨리 결심시키려고 강요해서는 안 된다. 논점을 주장하고 상대방이 충분히 생각할 때까지 기다린다. 상대방에게 여유를 주면 사고 싶다고 말을 꺼낼는지도 모르고, 다시 한 번 방문하지 않으면 안 되는지도 모른다. 어떤 때에 결심시키고, 어떠한 때에 시기가 올 때까지 기다릴 것인가를 알고 있는 것은 우수한 세일즈맨의 표시이다. 이 사실은 상품을 '팔고' 있을 때도, 직무를 '팔고' 있을 때도, 자기 자신을 '팔고' 있을 때에도 똑같은 일이라고 말할 수 있다.

도전해 가는 방법

이것은 어린 시절에 쓴다. "너는 할 수 없을 것이다."라고 하는 방법이다. 어떤 사람이 모금운동의 위원장이 되어주었으면 하고 생각했다. 그는 주저한다. 그가 흥미를 나타낼 때까지 필요성을 설명하고 설득을 계속했다. 다음에 가장 마음을 끄는 문제를 끄집어냈다. 동네의 불량 소년에 대한 그의 흥미는 거짓이 아닌가 하고 넌지시 암시를 주었다. 또한 그 일에 대한 능력이나 경험이 없는 게 아닌가 하고 시사한다. 그를 그런 미끼에 달려들게 할 수가 있다면, 그를 낚을 수가 있는 것이다.

 말은 행위 그것이다. 자기 자신이 실제로 느끼지 않는 것은 결코 입에 내지 말라. 그리고 허위로써 그대의 마음을 어둡게 하지 말라.

이타적 동기에 호소하는 법

윌프레드 그렌펠 경은 수년 동안을 라브라돌 원주민들 사이에서 의료 사절로서 일했다. 봄이 되면, 자주 뉴욕에 와서 의학 관련 단체에서 강연을 했으며, 그는 자기 일을 퍽 매력적인 말로 표현했으므로 이야기를 들은 사람 중 몇 명은 여름 휴가를 라브라돌에서 일하며 지냈다. 뉴욕에서 수술을 한 번 하면, 몇 천 달러의 수입이 있는 숙련된 외과의사가 라브라돌에서 무료 봉사로 시술했던 것이다.

이타적 동기는 이기적 동기와 같은 정도로 실제로 강하게 존재한다. 이기적 이익에는 반응을 나타내지 않으나, 다른 사람을 위해 무엇인가를 할 기회가 주어지면, 움직여지는 경우가 많이 있다.

논점을 각색하는 법

일리노이 주에서 선출된 상원의원 폴 더글라스는 공영 주택에 굉장한 관심을 가지고 있었다. 동료와 원내에서도 개인적으로도 토론해 보았으나, 그다지 강한 인상을 주지 못했다. 그래서 그는 워싱턴 시의 빈민가에 동료들을 데리고 갔다. 빈민가에 살고 있는 사람들이 어떠한 생활을 강요당하고 있는가를 보여주었다. 그리고 빈민가의 사람들로 하여금 직접 그것을 이야기하게 했다.

눈으로 보여주지 않아도, 사실을 각색할 수가 있다. 과거 10년 동안에 회사가 전선을 몇 마일 생산했다고 하지 않고, 지구를 적도상에서 여섯 바퀴를 도는 길이라고 하면 된다. 또한 미국에서는 뉴욕과 샌프란시스코 사이를 스물네 줄로 줄칠 수 있다고 표현하면 된다.

정공법으로 호소하는 법

어느 동부의 신문사가 유명한 여배우 사진이 필요해서 유능한 사람을 보내어 무슨 여러 가지 방법을 써서라도 찍으려고 했다.

풀숲 속에 카메라를 가지고 숨어서 그녀가 지나가는 모습을 사진에 담으려고 했다. 그녀는 그때마다 얼굴을 가리거나, 그 밖의 방법을 써서 사진에는 찍히지 않았다. 하인을 매수하려고 했으나 그것도 헛수고였다.

젊은 신입 사원에게 농담삼아서 당신의 맨 처음 과업은 그 여배우의 사진을 찍는 것이라고 말했다. 그는 나가서 한 시간쯤 지난 뒤 사진을 찍어 가지고 돌아왔다. 놀란 동료 기자들은 어떤 방법으로 사진을 찍었느냐고 물었다.

"아무것도 어렵진 않았습니다."라고 그 청년은 말했다.

"그녀의 집에 가서 현관에 있는 벨을 울렸습죠. 때마침 그녀가 몸소 나왔기 때문에 신문에 실을 사진을 찍게 해주지 않겠느냐고 부탁했습니다. 그녀는 웃는 낯으로 '좋아요.'라고 말해 주었습니다."

때로는 이처럼 직접 공격하는 것이 제일 좋은 방법일 경우가 있다.

단순하다는 것은 항상 사람을 매혹시키는 힘을 가지고 있다. 어린아이와 동물이 갖고 있는 매력은 그 단순함 속에 있는 것이다. ―파스칼―

논쟁해서는 안 될 때

어떠한 일이 있더라도 결코 논쟁해서는 안 된다고 주장하는 사람이 있다. 이 설을 지지하는 사람은 논쟁은 누구도 믿게 하지 못하고, 게다가 반항심과 노여움을 발생케 한다고 강력히 주장한다.

사람을 움직이는 수단으로써 논쟁의 문제를 끄집어내어 보자. 확실히 논쟁이 우리들의 목적에는 무익할 뿐만 아니라 해로울 때가 있다.

긴급한 경우, 즉결이 필요할 때

싸움터의 군대, 잠수함의 승무원, 또한 위기 또는 긴장 사태하에 있는 사람은 논쟁이나 말대답 없이 따르지 않으면 안된다. 논쟁하고 있을 시간의 여유 따위가 없기 때문이다.

야구 심판원도 그렇다. 일단 판정은 잘못되었는지도 모르나, 만일 일일이 논쟁하고 있으면 시합은 제대로 진행되지 않는다.

아이의 경우는 특별하다. 아이가 성장하기 위해서는 논쟁도 말대꾸도 장려되어도 좋다. 그러나 아이 자신의 안전, 다른 사람의 권리나 이익이 크게 관계될 때는 예외이다.

파괴하는 사람을 만났을 때

노동조합의 공산주의자, 의회의 의사 진행 방해자 따위와 같이 논쟁을 방해의 수단이나, 선전의 기회로써 이용하는 사람이 있다. 이와 같은 사람에게 언론의 자유를 허락해 주면, 우리들이 언론의 자유를 잃게 되는지도 모른다. 실제적인 견지에서 말한다면, 무언가를 얻으려고 한다거나, 무언가를 시키려고 서둘고 있는 사람과는 논쟁하지 말라는 것이다.

논쟁이 본질을 벗어나게 할 때

사람들에게 얼렁뚱땅해서 물건을 팔려고 한다 하자. 상대방이 당신이 숭배하는 정치가를 욕지거리한다면 화가 치밀어 오를 것이다. 당신은 그 일에 대해서 그와 논쟁할 것인가? 얼렁뚱땅해서 물건을 팔려고 생각한다면 결코 논쟁해서는 안 된다.

또한 신축 교사에 대한 회합에서 누군가가 당신의 신앙에 대해 전혀 뜻밖의 이야기를 한다. 반론하려고 생각했을 때, 바로 본제로 돌아왔다. 그 모임의 목적은 신축 교사에 관해서였다는 것을 생각하여라.

견제적인 토론을 일으키는 것은 입장이 불안정한 사람이 즐겨 쓰는 수법이다. 그러나 의도적이든 또는 그렇지 않든, 문제를 둔화시키는 것과 같은 토론에 휘말리는 것은 피해야 한다.

감정이 불안정한 사람을 만났을 때

바보와 토론해도 이길 수 없다고 하는 말을 들은 적이 있을 것이다. 그 이유는 상대방이 현실과 너무나 동떨어져 있어서 당신의 논리에 반응할 수 없기 때문이다. 그 극단적인 예는 정신이 착란된 사람이다. 입원중의 정신병 환자는 의사가 사람을 독살하려고 한다고 말한다. 과대망상증 환자는 자기가 신이라고 떠벌린다. 그와 같은 사람과 논쟁을 하려고는 생각지 않는다.

그만큼 심하지 않은 것은 노이로제에 걸린 사람이다. 그들은 생각한 바가 있으면 그와 같이 똑같이 믿지 않고는 견디지 못한다. 다른 사람에 대해 적대적이다. 그리고 자기가 생각하는 것이나, 행하는 것은 언제나 옳다고 믿고 있다. 그와 같은 사람과 토론할 수는 없다.

강한 선입관이나 흥미를 가장한 사람에 대해서도 같은 말을 할 수가 있다. 어머니는 자기 아이가 나쁜 짓을 했다고는 믿으려 하지 않는다.

새로운 도로 때문에 장사가 거덜나 버린 가솔린 스탠드 경영자는 그 새 길이 가치가 있다고 생각하지 않는다.

게다가 이성적인 사람이라도 일시적으로 감정이 헝클어져 토론이 소용없게 되는 일이 있다. 미국 경영자협회의 데이비드 필립스 박사는 다음의 경우에는 우리들은 중요한 일을 말할 수 없다고 한다. 그것은,

① 지쳐 있을 때
② 화내고 있을 때
③ 실패를 한 직후

감정적으로 토론하고 있는 사람을 발견했을 때에는 쓸 데없는 말을 하지 말고 화를 내지 않는 편이 좋다.

논쟁해야 할 때

토론이 쓸 데없이 되는 경우가 있다고 하는 것과, 언제나 쓸 데없다고 하는 것과는 다르다. 사람은 토론에 따라서 움직여진다고 하는 사실이 많은 연구에 의해 알려지고 있다. 다음에

알기 쉬운 예를 몇 가지 들겠다.

한때는 누구나가 지구는 네모져서 평평하다고 믿었다. 그러나 지금은 둥글다고 믿고 있다. 무엇이 변경시켰는가? 바로 토론이다.

토론을 경시하는 마음이 생기거든 모든 과학은 사실이라고 하는 증거에 의해서 발달되었다고 하는 것을 생각하는 게 좋다. 과학자라고 할지라도 다른 사람과 똑같이 감정적으로 선입관을 갖는 일이 있다. 그러나 실험적 증거에 의해서 어떠한 명제가 확립되면, 그것은 언젠가는 토론에 의해 입증된다.

과학자만큼은 아니라 할지라도, 일반 대중도 토론에 반응한다. 민주주의의 관점은 이러한 상정(想定)에 바탕을 두고 있다. 의견과 토론의 충돌 속에서 사람은 좋은 것을 세분하여 평가하고 판단한다. 이는 어째서인가?

보통, 여러 가지 문제에 대해서 충분히 생각하고 있지 않는 사람이 있는 법이다. 그런 사람은 중립적이어서 어느 쪽이든 토론에 반응한다. 이 사람들은 지적으로 호소하면 의견을 바꾸는 일이 있다. 또한 양편으로 분열되는 사람도 있다. 세금은 감면을 받고 싶은데, 나라의 부채에 대해서도 걱정을 한다는 사람이 있다. 그런 사람은 어느 쪽이로든 토론에 반응한다.

어떠한 집단에든 이와 같은 사람이 있으므로 목적을 달성하려고 할 경우, 토론을 필요로 한다. 파티에서 어느 무지하고 완고한 사람이 잘못된 말을 한다. 만일 상대방이 한 사람이라면, 귀찮은 논쟁 따위는 하지 않는다. 그러나 단체의 많은 사람들은 상대방이 말하는 것을 판단할 지식을 갖지 않는다. 그래서 그에게 도전하고, 아마도 몰아댈 수가 있을 것이다. 상대방의 신념을 변경시킬 수는 없을지라도 그의 편견을 단체에 퍼뜨리는 것은 막을 수 있다.

논객들의 토론이 아무리 쓸 데없다고 말할지라도 사람을 움직이는 방법에 뛰어난 사람들—정치가—은 그 힘을 알고 있다. 1948년의 대통령 선거 때다. 선거운동이 끝날 무렵, 공화당은 선거에 이긴 것이라고 생각하여 토론을 늦추었다. 그 결과, 대부분의 사람들이 이길 공산이 없다고 생각한 트루만이 이전보다도 진출해 나왔다. 힘있게 설득하고 토론함으로써 이긴 것이다. 모르면서 아는 척하는 사람들은 모르더라도 후보자들은 토론이 선거의 우열을 결정함을 알고 있다.

논쟁하지 않으면 논쟁하는 사람한테 져버린다. 다른 사람과 잘 사귀는 것은 어느 때에 논쟁하고, 어느 때에 논쟁해선 안 되는가, 누구와 어떻게 효과적으로 논쟁해야 하는가에 달려 있다.

그럼 어떻게 효과적으로 논쟁할 것인가에 대해서 잠깐 생각해 보자.

토론에서 이기는 방법

사실을 앞세워라

감정이 고조되어 있을 때는 어떠한 확실한 것이라도 무시된다. 사실을 끄집어내면, 말재주가 좋은 사람이나 과대 선전자를 이길 수가 있다. 즉 대부분의 제목에 대해서 흥미를 가지고 있지 않은 사람도 사실에 의해서는 이해할 수 있다. 또 의학이나 기술 따위와 같이 사실이 가장 중요시되고 있는 분야가 있다. 육아, 결혼, 가정 생활 등의 분야가 과학적으로 연구되

었다. 기회, 인척, 육아 등에 관한 결론은 이미 의견의 문제가
아니고 조사 자료의 문제이다. 그리고 만일 그 조사 자료를 알
고 인용할 수 있다면, 종종 토론에서 이길 수가 있는 것이다.

선입관을 완화시켜라

추운 날 아침, 한 소년이 혀로 펌프의 쇠자루을 핥으려고
했다. 혀가 젖어 있었으므로 펌프 자루에 얼어붙어 그는 움직
일 수 없게 되었다. 움직인다면 혀가 찢어져 버린다. 이것을
본 아버지는 더운 물을 가지고 와서 소년의 혀와 펌프 자루 위
에 퍼부어서 소년을 움직이게끔 했다.

선입관을 가진 사람은 펌프의 자루에 혀가 얼어붙은 소년을
닮았다. 그러한 사람은 어떤 종류의 생각에 얼어붙어 버려서
그 생각이 잘못되어 있어도 생각을 바꾼다는 고통을 느끼지 않
고서는 거기에서 떨어질 수가 없다. 잡아당겨 떼주려고 하면
반항한다. 우리들이 효과적으로 그와 토론하고, 이성에 호소하
기 위해서는 그 생각에서 헤어나게끔 녹여주지 않으면 안
된다. 만일 상대방이 정신병이나 심한 노이로제에 걸렸다면,
전문가의 장기 치료가 필요하게 된다. 만일 단순한 선입관이라
면 우리들이라 할지라도 어떻게 할 수 있을 것이다.

이것을 시도할 때, 주의하지 않으면 안 될 것이 상대방의 자
아를 파손한다거나 위협을 주거나 하지 않을 일이다. '폭로'하
려고 해선 안 된다. 그리고 직접 공격은 피할 일이다. 비난
한다거나, 우롱한다거나 하는 게 아니고, 친구처럼 도와주려고
하는 태도를 취하는 일이다. 상대방을 인간으로서 존경하고
있다는 것을 알리고, 비록 잘못되어 있어도 자기 자신을 받아

들여 존경할 수 있게 된다고 느끼게 해줄 일이다.

매력있는 것을 주어라

토론에 귀를 기울이지 않는 완고한 사람은 널빤지를 잡고서 물에 빠져 있는 사람과 닮았다. 자기로서는 소중한 것을 붙들었으므로 무언가 더 좋은 것을 찾아내지 않는 한 자기가 붙잡은 것을 떼놓지 않는다. 붙잡고 있는 널빤지에서 떨어져 나가려고 하기 전에 그것이 어떤 종류의 널빤지인지, 그리고 어째서 그것이 그에게 소중한지를 알아야 한다. 그런 다음에 구명대를 던져준다면, 널빤지 대신 그것을 받아 쥘 것이다. 그리고 그의 눈에는 당신이 소중한 물건을 빼앗아가는 적이 아니라, 도와주는 친구로서 반영될 것이다.

조종하는 일반적인 방법 외에 사람을 움직이기 위해 쓰여지는 특수한 방법이 있다. 다음 목적을 위해 이 특수한 방법을 알아둘 필요가 있다.

① 남을 움직이기 위해
② 상대방이 이런 방법을 썼을 때를 발견하기 위해

사람을 움직이기 위한 일곱 가지 가장 중요한 방법,

① "예"라고 말하게 하는 법
② "어느 것으로 하시겠습니까?"로 선택하게 하는 법
③ 상대방의 페이스에 맞추어서 설복시키는 법
④ 도전해 가는 법
⑤ 이타적 동기에 호소하는 법
⑥ 극적으로 접근하는 법
⑦ 정공법으로 접근하는 법

어떠한 때에 논쟁해야 하는가? 그리고 어떠한 때에 논쟁해서는 안 되는가? 다음과 같은 때에는 논쟁하여 시간을 낭비해서는 안 된다.

① 긴급해서 시간이 없을 때
② 어떠한 일이 있더라도 상대방을 짓밟아 뭉개어 버리려고 열중하고 있는 사람을 만났을 때
③ 논쟁으로 자기 본질로부터 빗나갈 때
④ 감정이 불안정한 사람과 대면했을 때

어떻게 하여 토론에서 이기는가?

① 사실을 인용한다.
② 선입관에는 정면으로 대결하지 말고 서서히 풀어주어라.
③ 매력있는 대안을 주어라.

제7부

어떻게 하면 좋은 인생을
보낼 수 있는가

하루의 생활을
다음과 같은 일로써 시작함은
무엇보다도 좋은 일이다. 즉 눈을 떴을 때,
오늘은 단 한 사람에게라도 좋으니,
그가 기뻐할 만한 무슨 일을 할 수 없을까를
생각하는 일이다.
―니체―

제16장

어떤 성공을 바라는가

　이 책을 통해서 나는 한 가지 점을 강조해 왔다. 즉 사람들로
부터 무엇을 기대할 수 있는가를 앎으로써 사람들과 가장 잘
사귈 수가 있다고. 그러나 마지막에 인간 관계에 있어서 성공
할 것인가 어떤가는 어떤 일에서나 마찬가지로 그 사람의 인간
성 내지 인생관에 좌우된다. 그래서 이에 대해 생각해 보자.
　가장 뛰어난 심리학자 중의 한 사람인 블루노 베트레하임은
나치의 집단 수용소에서 지낸 적이 있었다. 그는 자기를 포함
한 죄수들이 어째서 어떤 자는 참고 견딜 수 있는데, 어떤 자는
지쳐 쓰러져 버리는가를 생각했다. 가장 중요한 힘의 근거는
용기 뿐만은 아닌 인생관에 있었다. 수용소에서 가장 강했던
사람은 자기 자신이나 인생에 대해서 건전한 태도를 가지고 있
는 사람이었다. 이 장에서는 어떻게 하면 좋은 인생을 보낼 수

있는가에 대해 생각해 보자.

나는 지금까지 우리들의 인생에 있어서 다른 사람이 어떻게 중요한가를 이야기해 왔다. 우리들은 말이나 행동을 통해서 사람들을 이해하고 잘 사귈 수 있는 방법에 대해서도 이야기했다. 또한 우리들은 원칙적으로 다른 사람을 바꿀 수가 없는 것이며, 따라서 바꾸려고 해서도 안 된다는 것을 말했다.

만일 다른 사람을 바꾸고 싶다고 생각할 때, 가장 효과가 있고, 가장 안전한 방법은 자기 자신을 바꾸는 것이다.

다른 사람을 바꾸기 전에 자기 자신을 바꾸어라

만일 다른 사람을 바꿀 수가 없다면 자기 자신을 바꾸어라. 당신은 사람들이 당신을 좋아하고 당신을 위해 주었으면 하고 생각하는가? 이미 이야기한 바와 같이 사람을 조종해서 어떤 일을 시킬 수가 있다. 그러나 이것은 잠깐 동안이다. 사람을 조종해서 친구가 될 수는 없다.

간단하게 행동해 주는 것은 소수의 사람뿐이다. 많은 사람들은 '반동'한다. 당신의 행동에 대해서 반작용을 일으킨다. 따라서 그들은 당신이 그들을 취급하는 것처럼 당신을 취급한다.

누구나 오랜 기간 만나고 보면 사람이 성실한가 어떤가를 분별할 수 있게 된다. 당신이 상대방에게 친절한 것은 참으로 좋아서인가, 아니라면 무언가를 얻기 위해서인가? 사람들은 바로 분별할 수는 없으나, 오랜 시일이 지나면 분별되게 되어 있다. 여기에 행동과 반동이 들어온다. 물론 사람들이 하는 모든 것을 좋아하지 않아도 괜찮으나, 만일 상대방을 당신이 좋아한다고 깨닫는다면, 상대방도 당신을 좋아하게 될 것이다.

그리고 드디어는 상대방으로부터 탐나는 것을 구하지 않아도 얻을 수가 있을 것이다.

그 때엔 자기 자신을 바꿀 필요가 없을는지도 모른다. 당신은 사람을 마음 밑바닥에서부터 좋아하고 있는지도 모른다. 그러나 인생의 몇 가지 사실을 깊이 생각해 보자. 그것들을 살피고, 자기한테 적합한 것을 생각해 보자. 적어도 이미 알고 있는 것을 재확인할 것이다. 어쩌면 인간 관계의 가장 중요한 비밀을 찾아낼는지도 모른다.

좋은 인생, 나쁜 인생에 대해서

좋은 인생이란

인생은 모두가 좋은 일뿐이라고는 말할 수 없다. 우리들은 모두 곤란, 절망, 비극을 경험한다. 인생이 '좋다'고 말할 수 있는 것은 좋은 일을 될 수 있는 대로 많이, 나쁜 일을 될 수 있는 대로 적게 경험할 때이다. 이 '될 수 있는 대로'란 말은 중요한 의미를 가지고 있다. 인생의 모든 것을 제어할 수는 없으나, 어떤 일은 제어할 수 있다. 어떤 사람들보다도 좋은 일을 많이 가질 수도 있고, 나쁜 일을 많이 가질 수도 있다.

좋은 인생이란 될 수 있는 대로 최선을 다하는 인생이다. 최선의 인생을 살고 있을 때, 얼마나 다른 사람과 잘 사귀고 있는가에 놀랄 것이다.

인생은 한 권의 책과 비슷하다. 바보들은 그것을 척척 넘겨 가지만, 영리한 사람은 정성스럽게 그것을 읽는다. 왜냐하면 그는 오직 한 번 밖에 그것을 읽지 못한다는 것을 알고 있기 때문이다. —장 파울—

인생은 불공평하다

어떤 의미에서 인생은 불공평하다. 그것은 태어나면서부터 갖게 되는 선천적인 능력과 환경 때문이다. 부유한 집에서 태어난 아이가 외모도 훌륭하고 두뇌도 좋은 경우가 있다. 또한 빈한한 집에서 태어난 아이가 바보이거나 선천적인 결함이 있을 수도 있다. 극단적인 예이지만, 둘을 놓고 인생이 공평하다고 할 수는 없다. 그러나 후천적인 요인으로 인해 두 사람의 가치가 얼마든지 뒤바뀔 수도 있다. 그런 실례를 들자면 얼마든지 들 수 있지만 여기서 굳이 나열하지는 않겠다.

우리들은 스스로의 의지에 따라 얼마든지 인생을 개량할 수가 있다. 그러므로 그 방법에 대해서 말하고자 한다.

우선 처음에 사태를 더욱 나쁘게 하는 것을 막아라. 어쩌면 당신은 현재 악운을 경험하고 있는 중인지도 모른다. 그러나 만일 당신이 그것에 대해 화내고, 그 일로 악인을 문책하고 시간을 보냈다면 사태를 잘 수습할 수가 없을 것이다. 잘하기는 커녕 더욱 나빠진다. 그리고 당신의 친구를 적으로 돌리게 된다. 만일 다른 사람에 대해 적의를 품고서 행동하면 그들도 당신을 적으로 대한다. 자기 감정과 행동을 잘하려고 무리를 하지 않으면, 인생의 곤란을 크게 완화시킬 수가 있다.

두번째로 당신의 재산을 평가하고 이용해라. 인생의 밝은 면만을 보고 있는 사람은 인생의 나쁜 면이나 함정을 알아채지 못한 사람과 마찬가지로 슬픈 일이다. 성공의 비결은 인생을 창조적 가능성을 가진 것이라고 보는 것이다.

이 세상 모든 사람들은 제각기 독특한 것을 가지고 있다. 즉 정도나 종류가 다른 재능을 가지고 있다. 그것이 무엇인가를 발견하고 이용해라. 만일 지금까지의 인생이 불행했다면, 불행을 늘리는 것과 같은 행동을 하지 않을 일이다. 그러므로 어떠한 것이든 재산을 이용해라. 그저 앉아서 인생은 좋은가 나쁜가를 묻는 것은 라디오가 좋은 음악을 연주하는가 어떤가를 묻는 것과 같은 것이다. 인생의 프로그램은 좋은 면도 나쁜 면도 있다. 만일 좋은 곳에 다이얼을 맞추면 인생은 좋게 된다.

인간으로서의 성공

많은 사람들은 만일 자기가 갖고 싶어하는 것을 무엇이나 가지고 있다면, 인생은 좋으리라고 생각한다. 메닌지어 재단의 유명한 심리학자인 가드너 머피는 이 생각이 얼마만큼 잘못되어 있는가를 지적하고 있다. 우리들의 욕구의 대부분은 서로 상쟁(相爭)하고 있다. 만일 어떠한 기적이 일어나서 갑자기 갖고 싶었던 물건이 손에 들어온다면, 우리들의 마음속에 견딜 수 없는 갈등이 일어날 것이다. 사람들이 갖고 싶은 것을 손에 넣으면 넣을수록, 인간으로서는 실패하는 이유도 여기에 있다. 그러므로 사람들이 무언가에 성공하면, 그것으로 성공했다고 생각하는 것은 잘못이다. 한편 특히 이렇다 할 아무것도 이룰 수 없었다면, 또한 그것으로 실패했다고 판단하는 것도 잘못이다. 실제 이 둘에는 아무런 관계도 없다.

성공한다고 하는 것은 특정의 목적을 달성하는 것이다. 인간으로서 성공한다고 하는 것은 자기 자신과 잘 사귀고 다른 사람이나 인생과 잘 사귀는 것이다.
물론 사람은 무언가를 이루고, 인간으로서도 성공하는 경우가 있다. 그런가 하면 또 양쪽에서 다 실패하는 경우도 있다.

　사업, 예술, 법률, 의학, 과학 또는 정치면에선 성공하면서 인간으로선 실패한 사람이 상당수 있다. 그런 사람은 자기 자신과도 다른 사람과도 잘 사귈 수가 없었던 것이다. 반대로 무언가 중요한 일을 이루지 못하고 실패까지 한 사람이 인간으로서는 성공한 사람도 있다.

　성공은 얻은 것이나 달성한 것에 의해서 평가되는 것이 아니라, 인간으로서 어떠한 사람이 되었는가에 따라서 정해지는 것이다.

훌륭한 인생의 기초는 건전한 목표에 있다

　다음에 목표가 될 수 있는 것을 말해 두겠다. 목표가 해를 주지 않고, 이익이 된다면 좋다고 말할 수 있다.

　옥수수를 맛있게 먹고 있는 송아지는 산다는 것은 멋이 있다고 생각할는지도 모른다. 그러나 살이 찌면 찔수록, 송아지의 운명의 날은 다가오고 있다. 인생도 이와 마찬가지인 것이다. 만일 잘못된 방향을 바라보고 있으면, 그것에 성공하면 할수록 인간은 완전히 실패한다. 사회나 문명은 때때로 인간에게 해가 되는 목표를 받아들이게끔 가르친다. 후래트헤드 인디언은 아이의 두개골 형상을 부수는 것을 강제했다. 민족의 발전을 희생해서 여러 가지 것—머리, 두피, 돈—을 모으는 데 성공하는 것이 목표인 사회도 있다.

　이와 같은 목표는 다른 사람한테 해를 주거나, 자기한테 위험을 줄 뿐만 아니라, 원시 문명이 요구했던 육체적 불구와 같은 정도로 해가 되는 심리적 불구를 부여한다. 자기가 속해 있는 사회라든가 집단의 목표를 주의깊게 조사할 일이다. 이 목표가 나쁘면, 그것을 달성했을 때 인간으로서 실패할 뿐이기 때문이다.

당신에게 목표가 가능하다면, 좋은 목표를 택할 것이다.

영양이 되고 싶다고 열망한 당나귀는 이전보다도 나쁜 당나귀가 되어 버렸다. 심장이 나쁜 사람은 등산가가 되길 원해서는 안 된다. 수학에 뛰어나지 못한 사람은 기사가 되려고 생각하기 전에 잘 생각하지 않으면 안 된다. 자기의 욕망을 무리하지 않을 정도로 제한할 때만이 인간으로서 성공할 수 있다.

목표가 그것을 달성하기 위한 노고의 값어치만큼 한가 어떤가를 확인해라.

어느 회사에서 젊은 임원들에게 다음과 같이 말했다.

"우리 회사에서 일해 준다면, 여러분에게 충분한 보수를 드리겠소. 그러나 여러분은 회사와 결혼한 마음 자세가 되어주지 않으면 곤란합니다. 가정 생활이나, 취미 등 어떠한 일에서든지 만족을 얻는 것을 상관치 않으나, 회사가 제일 중요하다는 것을 잊지 않도록. 만일 여러분이 즐거이 인생을 회사에 바칠 마음이 있다면, 따라와주기 바랍니다. 그것이 너무 값비싸다고 생각된다면, 그만두기 바라오."

일에 따라서는 사람이 견딜 수 없을 정도의 일과 시간을 요구한다. 성공은 사람이 지불할 수 있는 대가로 달성할 수 있는 목표를 정하는 데 달려 있다.

정신이 성숙해 간다는 것은, 힘이 풍부하고 넘친다는 것보다도 가치있는 것이다. 우리들 속에 존재하고 있는 영원한 것은 시간이 우리들 속에 낳아 놓은 것을 파괴함으로써 좋은 이익을 얻는다. ―톨스토이―

인간으로서 성공하는 방법

이 장에서 이야기한 것의 근저(根底)에 있는 것은 사람과 사귀기 위한 가장 좋은 방법은 우선 인간으로서 성공한다고 하는 것이다. 만일 인간으로서 성공하고 싶다고 생각한다면 다음과 같은 것이 도움이 될 것이다.

첫째 — 성장을 계속하라

이 의미는 인간으로서 성장을 계속하라는 것이다. 살기 위한 고도의 기준을 발견하라. 인생이 열려옴에 따라서 자기가 친구들과도 다른 방향으로 나아가고 있음을 발견할 것이다. 그리고 지금까지의 흥미와 기술을 잃고, 새로운 것을 찾아내지 않으면 안 될 것이다. 이것은 과정이며, 인생은 점점 새로운 것으로 바뀌어간다. 그에 거역해서는 안 된다. 그것을 받아들여야 한다.

'이상한 나라의 앨리스'가 말한 것처럼,

"자기 자리에 머무르기 위해서는 계속 움직이지 않으면 안된다."

그러나 자기 자리에 머물고 있는 것만으로는 시시하다고 생각한다. 싫증이 나기 때문이다. 변화가 풍부한 것은 인생의 재미이다. 확실히 그렇지만, 어떠한 변화라도 재미있다고 말할수 없다. 여기저기를 뛰어 돌아다니는 직업적 여행가 인생만큼 싫증나는 것은 없다. 그러므로 자기를 즐겁게 해줄 방향과 목적을 찾아내고, 그리고 돌진하라. 그러면 나이를 먹는 것을 두려워 하지 않을 것이다. 왜냐하면 인간으로서 성장해 가면, 나이도 먹지만, 인생은 점점 널리 열려 재미있게 되는 것을 발견하기 때문이다. 이것이 인생의 성공이라고 하는 것이다.

둘째 ―진실한 우정을 길러라

우선 친구와 지인(知人)을 구별해 둘 필요가 있다. 사람은 의무 때문에 또한 상대방을 교육하거나 강한 인상을 주기 위해서, 그밖에 상대방이 재미있어서, 유쾌하기 때문에 어울린다. 이것들은 모두 정당한 이유이긴 하나, 이와 같은 교제는 아무리 중요하다 해도 역할이 한정되어 있다.

그와 같은 교제는 진실한 우정을 구하는 욕구를 만족시켜 주지 못한다. 그 이유는 간단하다. 그런 관계에서는 상대방으로부터 무엇인가를 얻는 것이 주된 관심사이기 때문이다. 무언가 하면, 판매, 추종, 오락, 명성 따위이다. 진실한 우정에는 이들의 목적도 있을지 모르고 없을는지도 모르지만 어쨌든 주목적은 아니다.

친구란 자기 내면 생활에 가벼운 마음으로 불러들일 수가 있는 사람이며, 자기를 불러들이는 사람이다. 친절한 지인을 포함하여 대부분의 사람에게는 자기의 중요한 것을 손상하거나, 함부로 다루지 않을까 하고 언제나 경계하고 있지 않으면 안 된다. 만일 상대방이 자기에 대해 너무 알면, 그 사람은 자기에게 위협이 되어, 그들을 물리치기도 하고 아주 일부분밖에 보여주지 않게도 된다.

친구의 경우에 사태는 달라진다. 그들은 행동의 한계를 적절히 알고 있다고 믿을 수가 있으므로 마음 가볍게 더욱 자유로이 사귈 수가 있다. 그들은 내가 중요하게 여기고 있는 것을 소

중하게 취급해 주지는 않는다 해도 함부로 취급하지는 않는다
는 것을 알고 있다.

제일 중요한 것은 친구라면, 상대방의 진상을 발견한 뒤에라
도 상대방을 받아들일 일이다. 그리고 상대방도 마찬가지로 자
기를 받아들인다. 상호간에 언제나 모든 면에서 좋아질 리는
없다. 때때로 공공연하게 격렬히 의견을 충돌시키는 일이 가끔
있다. 위장한 '방어선'을 칠 필요가 없는 것은 얼마나 마음 가
벼운 일일까. 다른 사람의 인격을 알고 희망이나 꿈이나 이상
을 같이 하는 것은 얼마나 즐거운 일인가?

우리들은 그러한 친구를 어떻게 발견할 수 있을 것인가? 당
신은 같이 지내는 사람을 의무로써 생각할 것인가? 기회로써
생각할 것인가? 또한 함께 있어 즐거운 사람이라고 생각할 것
인가?

함께 있어서 즐거운 사람이 친구이다.

셋째 — 서서히 사랑하는 것을 배워라

인간적으로 성장하기 위해서는 사람들과 사랑을 서로 주고받
을 수가 있지 않으면 안 된다. 사랑은 음식물에 대한 욕구나 혈
액순환과 같은 정도로 중요한 인간의 욕구이다. 사랑하는 것을
배운 사람만이 인간으로서 성공할 수 있다.

'배운다'고 하는 말에 주의해 주기 바란다. 사랑이란 가지고
태어나는 것은 아니다. 사랑하는 것을 배우지 않으면 안 된다.
그리고 일생 동안 끊임없이 배우지 않으면 안 된다.

물론 사랑해 줄 사람—양친이나 그밖에 성장을 도와준 사
람—을 사랑해 돌려주는 일부터 시작해야 한다. 다음에 참다

운 친구라고 판단된 사람—잘 봐주기를 바라기도 하고, 무언가를 얻을 것을 목적으로 하고 있는 사람이 아니라, 사람으로서 받아들이는 인간—을 사랑하기 시작해야 한다.

사람들이 성장을 계속함에 따라, 사랑은 넓어지고 다른 사람에게 감사하며, 그리고 그것에 대답한다. 이 책에서 예를 든 사기꾼, 떼먹는 사람, 위선자, 거짓말쟁이, 싫은 사람 따위도 그들이 아무리 바보짓을 하든, 악의를 가지고 있든, 존경할 가치가 있다고 믿고 싶어하는 사람으로서 바라봐야 한다.

사람들은 이젠 그들에게 속지 않고, 그들 모두를 친구로 하지는 않으며, 몇 사람인가를 두려워 하기까지 할 것이다. 그러나 그들을 싫어한다거나 경멸하지 않는다. 마치 의사가 환자를 보는 태도로 그들을 바라본다. 그리고 사람을 최악의 면에서 있는 그대로 바라보고 훌륭한 사람이 되어주기를 원할 때에 사람은 사랑하는 것을 배우게 된다. 그리고 더욱 완전하게 되고, 따라서 인간으로서 더욱 성공했다고 말할 수 있으며, 자연히 다른 사람과 사귈 수 있게 될 것이다. 그 이유는 인간 관계에서 성공하는 비결을 알았기 때문이다.

넷째—생활을 조화시켜라

사랑을 가지고 있으면 자기 속에 조화를 가진 것이 된다. 내면 생활에서 조화를 가지는 것은 마음의 평안을 가지는 것을 의미한다. 어떻게 자기 자신이나 다른 사람과 조화시킬 것인가? 이것은 옛날부터 많은 현인(賢人)들이 씨름해 온 문제들이다.

어떤 사람에게 있어서 평안은 곤란이나 걱정이 없는 것을 의

미한다. 그들은 양지 쪽에 앉아서 속세의 일을 묵과한다. 곤란
에서 자기를 떼어낼 수 없는 사람은 곤란에 대해서 눈을 감으
려고 한다. 이런 종류의 평안의 난점은 절반은 살아 있고, 절
반은 죽어 있지 않으면 얻을 수 없다는 것이다.

그러면 마음의 평안으로 통하는 큰길이란? 그러한 큰길은
존재치 않는다. 그러나 만일, 자기 환경을 받아들이고, 자기
자신을 받아들인다면, 좋은 출발을 한 셈이 된다.

사람이 이 점에 도달하면, 자기를 개성적인 것으로 하고
싶다는 욕구와 더욱 조화되어 마음의 평안을 얻는다. 마음의
평안과 함께 깊은 신뢰를 얻을 수 있다. 자기 자신이나 주위의
사람들에 대한 신뢰와 우리들이 신이라고 부르는 것에 대한 신
뢰를 얻을 수 있다.

FOCUS

다른 사람과 사귀는 것이 어려운 이유 중의 하나—이것은
가장 커다란 이유이다—는 자기가 다른 사람과 사귀기 어려운
인간이기 때문이다. 인간에게 필요한 것은 다른 사람을 움직일
방법이나 책략이 아니라, 자기 자신을 바꾸는 일이다.

인생은 공평한 것이 아니라, 기회의 연속이라 할 수 있다.
좋은 일도 있는가 하면, 또한 나쁜 일도 있다. 이 사실을 인정
하고 받아들인다면, 인생으로부터 가장 좋은 것을 끄집어낼 수
있다. 여러 가지 일에 성공하는 것과 인간으로서 성공하는 것
의 차이를 아는 것으로부터 시작하자. 중요한 것은 사람들이
얼마만큼 얻었다거나, 무엇을 달성했는가가 아니고, 어떠한 사
람이 되는가이다. 대부분의 사람들은 유명인으로는 될 수